Elizabeth Claire Prophet

Botschaften aus der Engelwelt - Erzengel Michael

Botschaften aus der Engelwelt

ERZENGEL MICHAEL

Elizabeth Clare Prophet

SILBERSCHNUR

'How to Call Upon Angels to Protect Yourself and Loved Ones. True Stories of Archangel Michael's Protection.' Vortrag aus der 'Angels Audio Library' von Elizabeth Clare Prophet.

Contact:
Summit University Press
63 Summit Way, Gardiner, Montana 59030
Tel.: 406-848-9500 - Fax: 406-848-9555
E-mail: info@summituniversitypress.com
Website: http://www.summituniversitypress.com

Dieser Vortrag wurde ursprünglich auf Englisch herausgegeben und in den USA publiziert. Diese Version ist Gegenstand eines Lizenzvertrages zwischen dem Verlag "Die Silberschnur" und Summit University Press.

ISBN 10: 3-89845-147-X
ISBN 13: 978-3-89845-147-5

1. Auflage 2006

Titelbild: Erzengel Michael und der Glaube

Gestaltung & Satz: XPresentation, Boppard
Druck: Finidr, s.r.o. Cesky Tesin

Verlag "Die Silberschnur" GmbH · Steinstr. 1 · 56593 Güllesheim
www.silberschnur.de · Email: info@silberschnur.de

Inhaltsverzeichnis

Schutzengel 7

- Wer ist Erzengel Michael? 11
- Erzengel Michael in den heiligen Schriften 16
- Die gefallenen Engel 41
- Eine große Herausforderung für uns 49
- Von den Erzengeln behütet 54
- Mit Gebeten geballte Energie erzeugen 56
- Tipps zur effektiven Rezitation von Dekreten 58
- Dekret zum Schutz auf Reisen 60
- Meditation zum Kehlchakra 63
- Eine Lektion für meine Seele 69
- "Ja!" zu Erzengel Michael 74
- Die Kraft des gesprochenen Wortes 77

Wahre Geschichten über Erzengel Michael 81

- Einsatz für das Leben eines jungen Mädchens 84
- Die Erzengel weisen uns Engel zu 88

- Der nächtliche Jäger wird gestellt 91
- Soldaten werden durch die Hilfe von Engeln gerettet 94
- Vereint euch mit den Legionen von Erzengel Michael 96
- Dekrete für Herz, Kopf und Hand 99
- Erzengel Michaels blaues Lichtschwert 106
- Schutz durch die blaue Flamme und das blaue Kreuz 109
- Was passiert, wenn man beim Dekretesprechen rhythmisch mitklatscht? 114
- Der Glaube und der Zweifel 118
- Ein Brief von einem Jungen namens Michael 121

Bildliche Darstellung des göttlichen Selbst 131

Abbildungen 139

Schutzengel

Heute begrüßen wir unseren geliebten Erzengel Michael in unserer Mitte, der uns allen so wohlbekannt ist. Wir sind so dankbar, dort sein zu dürfen, wo auch Erzengel Michael ist. Und wir freuen uns, Ihnen die Wunder seines Glaubens und Schutzes sowie seiner Legionen des Lichts zu erzählen, die uns Rat, Trost und Schutz bieten.

In der Märzausgabe der Zeitschrift "Life" von 1992 wird berichtet, wie die Engel einer Familie Hilfe leisteten. Dr. Diane Komp, Onkologin und Professorin für Pädiatrie an der Universität Yale, saß mit einer Familie am Bett von deren sieben Jahre alter Tochter, die an Leukämie erkrankt war und im Sterben lag. In ihren letzten Minuten richtete sich das Mädchen plötzlich mit all seiner Kraft auf und sagte: "Die Engel - sie sind so wunderschön! Mama, kannst du sie sehen? Hörst du sie singen? Ich habe noch niemals einen solch wundervollen Gesang gehört." Dann sank das Kind wieder zurück und tat seinen letzten Atemzug. Dr. Komp erklärt dazu: "Das Wort, das am ehesten meine Gefühle umschreibt, die ich in diesem Augenblick hatte, lautet 'Geschenk'". Es war ein Geschenk der Engel Gottes, das sie über dieses

Mädchen dessen Eltern machten, die über ihren Tod so sehr trauerten und weinten. Sie vergaßen nie, dass die Engel sie erwartet hatten, um ihre Seele in den Himmel zu begleiten. Vielleicht wussten sie sogar, dass eben diese Engel ihre Seele auf ein neues Leben, eine neue Mission in einem zukünftigen Leben auf Erden vorbereiten würden.

Wir haben erkannt, dass Gott in der heutigen Zeit bereits viele Menschen auf der Welt, in allen Nationen, die Anwesenheit seiner Vermittler, seiner Berater, seiner Lichtscharen - unserer geliebten Engel hat spüren lassen. Wir sind dankbar, dass die Menschen verstehen können, dass diese Helfer heute und in schwierigen Momenten bei uns sind, sogar in der Stunde, in der unsere Seele weiterzieht.

Wer ist Erzengel Michael?

Erzengel Michael ist ein ganz besonderer Engel. Wir lieben ihn aus tiefstem Herzen. Er hat sich mit seinen Legionen des Lichts tausende und abertausende von Jahren zur Sicherheit und Perfektionierung unserer Seelen verschrieben. Er begleitet uns zu unserem Schutz, unserer Fürsorge, unserer Förderung, um uns zu tadeln, uns im heiligen Willen Gottes zu unterweisen, uns zu verstehen zu geben, dass es für jeden von uns eine Blaupause fürs Leben, einen göttlichen Plan gibt. Gottes Liebe zu uns ist so innig und so präsent, und dies lässt er uns auf sehr persönliche Weise über seine Engel wissen. Begrüßen wir heute Erzengel Michael und seinen Begleiter, den "Glauben", sowie seine Engelsscharen des blauen Lichts in unserer Mitte. Sie sind die Engel des ersten Strahls.

Der äußere Ring des Kausalkörpers ist blau[1]. Wenn Sie mit der Farbe Blau meditieren und Ihren Verstand mit dieser Farbe durchtränken, werden Sie damit stets diese Engel des Lichts wie mit einem

---

[1] Siehe Abbildung 7: Das göttliche Selbst, S. 37

Brennglas anziehen. Diese Farbe ist nicht nur eine Farbe - sie ist eine Wellenlänge, eine spezifische Wellenlänge des weißen Lichts des lebendigen Christus.

Wir brauchen den blauen Lichtstrahl, um die Kraft Gottes sowie seinen Schutz zu empfangen. Blau ist bei den Nationen überdies auch die Farbe der Regierung und der Wirtschaft, die Farbe der Führerschaft. Wer Erzengel Michael folgt, hat somit den Sinn seines Lebens gefunden und spürt, dass er geführt wird. Diese Menschen wissen, wo ihr Weg hinführt, und ihre Anhänger spüren dies.

Studien haben gezeigt, dass jede siebte Person ein Anführer ist. "Zufällig" gibt es auch sieben Lichtstrahlen und sieben Erzengel, und ein Siebtel von ihnen ist dem Bereich "Führerschaft" zugeordnet. Somit erkennen wir, dass Führerschaft ein wichtiger Aspekt zu unser aller Weiterentwicklung ist, und dies nicht nur in Bezug auf den blauen Strahl, sondern auch für unsere Herzen: So können wir dem Herrn und Erlöser Jesus Christus folgen und erkennen, dass er unser Führer und der "Kapitän" für unsere Erlösung ist. So können wir erkennen, dass wir unsere eigene Seele heim zu Gott führen müssen - dass es in unserer eigenen

Abbildung 1: Das Kehlchakra

Verantwortung liegt, unsere Seele mit dem lebendigen Christus zu vereinen.

Die Legionen von Erzengel Michael konzentrieren ihre Kraft auf das Kehlchakra, denn ohne die Kraft des gesprochenen Wortes gibt es keinen aktivierenden Energiestoß, keine Führerschaft. Es ist der Klang der Stimme des guten Hirten, den wir alle kennen, der uns führt. Die sechzehn Blütenblätter des Kehlchakras, das auch "Vishudda" genannt wird, tragen die sechzehn Klangschwingungen des blauen Strahls.

Der Tag, an dem wir die Kraft dieses Strahles spüren, ist der Dienstag. Denn an diesem Tag wirken die Engel über die siebte Hülle des Kausalkörpers.

Der Rückzugsort des Erzengels Michaels und seiner Engelsscharen entspricht dem Ort Banff und Lake Louise in Kanada sowie den gewaltigen, wunderschönen kanadischen Rocky Mountains. Von diesem Stützpunkt aus kommen und gehen sie.

Die Rückzugsorte der Engel und der Aufgestiegenen Meister sind älter als die Erde selbst. Es sind Zentren, die an entsprechenden Orten in der Himmelswelt liegen und von denen eine ungeheure

Menge an Licht ausgestrahlt wird. Daher begeben sich die Menschen auf Reisen und suchen bestimmte Orte auf der Erde auf: um verschiedene Schwingungen aufzunehmen und beispielsweise Zugang zu "den Buddhas im Himalaya" oder zu Meister Shiva und vielen anderen quer durch alle Nationen zu finden.

Der Name "Michael" bedeutet "der Gott gleich ist", "der wie Gott ist". Wir können dies auch als Frage formulieren: "Wer ist Gott gleich?" Manche sprechen seinen Namen stets in Frageform aus – als Schlachtruf der Engel, die gegen den ruchlosen Luzifer kämpften. Sie riefen ihm folgenden Schlachtruf zu: "Wer ist Gott gleich? Du hältst dich für Gott. Du glaubst, dass du Gott gleich bist!" So wurde dieser Schlachtruf zu Erzengel Michaels Namen.

Erzengel Michael in den heiligen Schriften

Erzengel Michael gilt seit jeher als der größte und meistverehrteste Engel in den jüdischen, christlichen und islamischen Schriften und Traditionen. In der moslemischen Überlieferung ist er der Engel der Natur, der den Menschen Nahrung und Wissen bringt. Im zweiten Buch Mose 3, 2 finden wir die Erstüberlieferung von Erzengel Michael in unserer westlichen Tradition: Er ist der "Engel des Herrn". Dies bedeutet, er ist der Engel der Gegenwart Gottes. Der Herr ist anwesend, wenn Michael präsent ist, und umgekehrt ebenso.

Er erschien dem staunenden Moses in einem brennenden Busch, und auch heute können wir über diesen Busch noch gehörig staunen - er brannte lichterloh, aber der "Busch ward doch nicht verzehrt". Auf diese Weise offenbart uns Gott, wer wir sind - wir sind der Busch, den Gott geschaffen hat. Er hatte in diesem Busch ein Feuer entzündet: das alles verzehrende Feuer Gottes. Es ist das Muster, der göttliche Funke unseres Lebens, der von Gott genährt und gemäßigt wird, denn noch sind wir "das schwache Glied in der Kette". Doch diese ICH BIN-Gegenwart lebt über und in uns. Wir werden von der alles verzehrenden Macht Gottes nicht verzehrt, denn er hat seine Anwesenheit unseren Ebenen der Identität angepasst. Das Feuer, das er im Altar unserer Herzen sorgfältig hütet, ist der göttliche Funke, unser Vermächtnis, auf das wir von jeher das Geburtsrecht haben. Wir nennen es die dreifaltige Flamme. Bedenkt dies! Wir tragen jene spirituelle Essenz in uns, jenen Samen, jenes "Atman", wie die Hindus es nennen. Wir schätzen es auf etwa 1 mm Höhe, versiegelt in der Geheimkammer unseres Herzens. Da wir diesen göttlichen Funken besitzen, dieses Geschenk unsterblichen Lebens, ist uns die Vereinigung mit Gott möglich, denn er ist der Schlüssel zu unserer Unsterblichkeit. In der Tat ist dies für den Moment der einzig unsterbliche Teil von uns. Jener göttliche Funke, diese winzige Flamme, ist unser Potenzial, mit dem wir die Ganzheit Gottes in uns - seinem heiligen Tempel - erkennen können.

Wie der Engel des Herrn Moses in einer Feuerflamme erschien, so war Erzengel Michael die

Personifizierung des ICH BIN DER ICH BIN. Wenn man im zweiten Buch Mose liest, stellt man fest, dass zunächst von einem Engel die Rede ist, der zu Moses spricht, dann ist es der Herr selbst. Es war Erzengel Michael, die Personifizierung Gottes, unseres Herrn, der kam, um Moses zu rufen. Der Name, den Gott den Kindern Israels gegeben hatte, war also durch Erzengel Michael ausgesprochen worden. Wo wären wir heute, wenn Moses dem Ruf des Herrn, sein Volk herauszuführen, nicht geantwortet hätte - wenn Moses nicht umgehend geantwortet und gehorcht hätte? Die Hälfte des Wunders besteht darin, dass Gott Moses in der Gestalt von Erzengel Michael erschien. Doch die andere Hälfte besteht darin, dass Moses den Ruf des Herrn erhört hat und ihm gefolgt ist. Die andere Hälfte des Wunders sind Sie, so, wie Sie jetzt gerade dasitzen. Werden Sie dem Engel des Herrn antworten, wenn er Ihnen erscheint? Werden Sie handeln? Oder werden Sie den Engel des Herrn in der Welt des Himmels warten lassen, wo ihn niemand anders sehen kann?

Geliebte Herzen, es ist an der Zeit, auf die Sanduhr und den Sand im Stundenglas zu blicken.

Was werde ich mit dem Rest meines Lebens anfangen? Werde ich Tag für Tag und Stunde für Stunde die Augenblicke der Zeit und des Raums füllen? Werde ich sie mit inniger Hingabe an Gott füllen? Werde ich den Entschluss fassen, dass es jetzt an der Zeit ist, die Blütenblätter meines Herzchakras zu öffnen, ohne Furcht davor, verletzt zu werden, sondern mich zu öffnen, um anderen Liebe zu schenken? Vielleicht werde ich im Gegenzug Liebe erhalten, oder möglicherweise auch nicht. Doch das spielt keine Rolle, denn ich bin im Segen Gottes.

Der Ruf ist an Sie gerichtet. Wie viele Menschen hier haben sich in diesem Leben dem Ruf Gottes völlig angeschlossen? Ich kann nicht behaupten, dass ich selbst dem Ruf völlig folge, doch ich kenne meine Bestimmung. Ich weiß, was ich tun muss. Und Tag für Tag warte ich darauf, dass der Herr mir die Richtung für diesen Tag, diese Woche, diesen Monat und dieses Jahr weist, so dass ich sicher sein kann, dass ich zur rechten Zeit am rechten Ort bin, wie auch Petrus und Paulus von den Engeln gerade so geschickt wurden, dass sie zu dem Zeitpunkt an dem Ort ankamen, an dem eine

Seele durch den Heiligen Geist verwandelt und für die Botschaft des Herrn und Erlösers geöffnet werden konnte.

Und so kann es sein, dass Gott uns ruft, doch er hat Erbarmen für unser ärmliches Selbst, wenn wir nicht antworten, wenn wir sagen: "Ich habe andere Dinge, um die ich mich kümmern muss. Ich habe Besseres zu tun. Ich habe meine psychischen Probleme noch nicht gelöst. Herr, ich kann jetzt noch nicht kommen, aber vielleicht nächste Woche oder nächstes Jahr." Geliebte Herzen: Sie haben schon einmal gelebt. Sie haben schon viele Leben gelebt - vielleicht wissen Sie das nicht, vielleicht glauben Sie nicht wirklich an Karma und Reinkarnation, doch ich sage Ihnen, wir alle leben in einer Déjà-vu-Situation.

Ja, wir haben schon einmal gelebt, wir haben schon einmal gesehen, und wir sind wiedergekommen. Und diesmal haben wir keine Minute zu verlieren, weil wir jene letzte Erlösung suchen.

Das Wort "Erlösung"[2)] bedeutet "Selbst-Erhöhung". Dies ist eine wunderbare Erklärung für dieses Wort. Wissen Sie warum? Weil wir uns um unsere

Abbildung 2: Dreifache Flamme

Erlösung bemühen müssen. Gott hat uns seinen Sohn, seine Engel, seine Lehren und diese wunderbare Welt zur Verfügung gestellt, so dass wir das Leben der Heiligen und der großen Adepten des Ostens und Westens studieren können. Alles ist an seinem Platz. Wir können nichts tun, wir können etwas tun - wir können alles tun!

Wir können sagen: "ICH BIN jetzt das Kind des Herrn! Heute ist der Tag, den der Herr für mich geschaffen hat, und ich werde ihn entgegennehmen, ich werde mich von ihm beflügeln lassen. Dies ist der erste Tag vom Rest meines Lebens, an dem ich für Gott jede Minute aktiv sein will, und ich werde nicht in Trübsal oder depressive Stimmung zurückverfallen, wenn dies oder das mit meinem Körper oder meiner Seele nicht stimmt. Ich werde wissen, dass mein Gott bei mir ist. Die Engel sind bei mir, und Gott hat mich hier zu einem bestimmten Zweck hergebracht. Ich kann und ich will jede Widrigkeit überwinden.

---

[2] Im Englischen leitet sich der Begriff "salvation" ("Erlösung") von "self-elevation" ("Selbsterhöhung") ab (Anm. des Überzetzers).

Ich werde am Ende dieses Lebens nicht mit leeren Händen vor meinen Herrn treten. Nicht wieder! In diesem Leben werde ich die Früchte meines Bestrebens ernten, das suchen, was verloren war, freundliche Worte sprechen und meinen Mitmenschen die liebevolle Aufmerksamkeit widmen, die sie brauchen, um zu wissen: Gott kümmert sich um sie, er hat sie nicht vergessen."

Es gibt so vieles zu tun - und Erzengel Michael wird uns helfen und unsere Bemühungen Zehntausende und Zehntausende von Malen vervielfachen. Wir wollen nicht zu der Sorte Mensch zählen, denen die Engel von vornherein nicht erscheinen, weil sie bereits wissen, dass wir eine Ausrede parat haben. Die Engel möchten nämlich nicht, dass wir uns Karma aufladen, indem wir ihre Botschaft zurückweisen - daher erscheinen sie uns gar nicht erst ...

Über dieses Drama sollten wir tiefer nachdenken: Haben die Engel uns "vergessen", weil wir so hartherzig sind, weil wir zu Gott gesagt haben: "Ich mache schon genug, verlange bitte nicht noch mehr von mir, verlange von mir nicht noch etwas Neues!"? Was wäre, wenn diese eine zusätzliche

Forderung, diese eine zusätzliche Sache, zu der wir uns entscheiden würden, nämlich die Entscheidung, über uns selbst hinauszuwachsen und zu handeln, ein Leben, ja eine Seele retten und Sie aus einem Leben heraus katapultieren würde, das nicht produktiv, nicht erfüllend ist? Was wäre, wenn man Sie mit einer Mission betrauen würde, die Ihnen tagtäglich Freude bereiten würde?

Moses sprach zu Gott: "Siehe, wenn ich zu den Kindern Israels komme und zu ihnen spreche: 'Der Gott eurer Väter hat mich zu euch gesandt', und sie mir sagen werden: 'Wie lautet sein Name?' - Was soll ich ihnen sagen? Wer ist dieser Gott, der dir, Moses, erscheint? Wir wollen seinen Namen wissen. Beweise uns, dass du ihn gesehen hast. Nenne uns seinen Namen!"

Gott sprach: "Sage ihnen ICH BIN hat dich gesandt. ICH BIN hat dich zu ihnen geschickt. Sage ihnen: Meine Name ist ICH BIN DER ICH BIN."

In Ihrem Dorf, in Ihrer Stadt und bei Ihnen Zuhause sind Sie der Botschafter Gottes. Wer schickt Sie? Nun, Ihre mächtige ICH BIN-Gegenwart schickt Sie, die lebendige Gegenwart Gottes, die

Sie auf Schritt und Tritt begleitet und zu Ihnen spricht. Hören Sie zu? Hören Sie auf die Stimme Gottes, der tagtäglich mit Ihnen spricht? Wer schickt Sie? Gott schickt Sie auf eine tägliche Mission, damit Sie seinem Volk sein Licht bringen. Und er hat Sie in der Lehre vom Gebet, in der Kunst des gesprochenen Wortes unterwiesen. Er hat Ihnen beigebracht, wie Sie das Licht in Ihren Chakren speichern, so dass dann, wenn Sie unglückliche oder leidende Menschen treffen, die in ihren spirituellen Zentren kein Licht haben, Ihre eigenen Kelche gefüllt werden, bis sie voll sind. Jene kraftlosen Menschen werden dann ebenfalls angefüllt, da Sie aus Ihren Krügen Licht in deren Lichtkelche gießen können. Ja, so sollten Sie sich auf jeden Tag vorbereiten.

Abraham, Isaak, Jakob - sie alle errichteten einen Altar, wo auch immer sie waren. Das tat auch Moses. Und das tun auch wir. Dies ist unser Altar. Sehen Sie die bildliche Darstellung unserer ICH BIN-Gegenwart?[3] Sie können daran auf einen Blick ablesen, wer Sie sind. Die Gegenwart Gottes

[3] Abbildung 7: Das göttliche Selbst, siehe S. 37

über Ihnen, die Christus-Gegenwart in der Mitte und Sie, die unterste Figur in der Darstellung, während Sie die Flamme des Heiligen Geistes anrufen. Ziel Ihres Lebens ist es, in die lebendige Gegenwart Christi einzutauchen und letztendlich die Vereinigung mit Gott zu erlangen.

1982 sagte Erzengel Michael, dass er "jeden heimischen Herd versiegele, an dem dieser Brennpunkt der Gegenwart des ICH BIN DER ICH BIN in aller Ehrerbietung als heiliger Schrein aufbewahrt wird."

Und warum ist das so? Weil Gott gesagt hat: "Das ist mein Name ewiglich, dabei soll man mein gedenken für und für." "Bei diesem Namen werdet ihr euch an mich erinnern und ihr wisst, wer ihr seid, denn ihr wisst, wer ICH BIN, und ihr seid von mir geboren."

Wo also diese Gegenwart verehrt wird, wo die Gegenwart von Jesus Christus und Saint Germain verehrt wird, dort versammeln wir uns, und dies ist der Platz, wo eine Tür zu den Herzen offen steht. Daher errichten wir diesen Altar in unseren Häusern, um die Kraft der Erzengel und ihr Kraftfeld für die

Abbildung 3: Jakob ringt mit dem Engel
Gustave Doré

Abbildung 4: Der Engel
Gustave Doré

Verteidigung der Seele dieses Landes und der Seelen des Lichts überall auf der Erde bei uns zu haben.

In der jüdisch-mystischen Tradition wird Erzengel Michael als der Engel identifiziert, der mit Jakob kämpfte, Israel durch die Wüste führte, das Heer des Sennacherib schlug und die drei hebräischen Knaben aus dem sengenden Feuer rettete.

In einer bestimmten Richtung der Kabbala heißt es, Michael sei die Verkörperung des sechsten Sefirot, Tiferet. Gemäß der Kabbala bedeutet Tiferet "Schönheit". Ich persönlich deute Tiferet so: der Sohn Gottes, der lebendige Christus, der im Herzen des mystischen Lebensbaumes sitzt.

Der gefallene Engel, der sich in der falschen Hierarchie[4] als Michael ausgibt, ist Tagaririm. Das bedeutet: "nackt bis auf den Knochen". Der Erzteufel, der Gegenspieler von Michael, ist Belfegor, "der König des Todes".

Es ist wichtig zu wissen, dass diese Legionen des Lichts vom Himmel gekommen sind, um unsere

[4] Wesen, die der Dunkelheit, nicht dem Licht dienen.

Seelen zu retten, dass sie beständig gegen die rebellischen Engel Krieg führen, die auf der Erde sind oder sich bereits unter uns mischen - nicht in physischen Körpern, sondern auf der Astralebene.

Im Buch Daniel finden wir eine wunderschöne Beschreibung von Erzengel Michael. Er nennt ihn "den großen Fürsten, der für die Kinder deines Volkes steht". Und er ist in der Tat ein großer Fürst. Falls es jemals einen oder mehrere Großfürsten gegeben hat, so waren es die sieben Erzengel.

Und das verkündet auch Daniel. Er sagt: "Zur selben Zeit". (Ich glaube, dass mit "derselben Zeit" eine Zeit wie die unsere gemeint ist, wenn nicht überhaupt die heutige Zeit):

"Zur selben Zeit wird der große Fürst
Michael, der für die Kinder deines Volks
steht,
sich aufmachen.
Denn es wird eine solch trübselige Zeit sein,
wie es sie nicht gegeben hat,

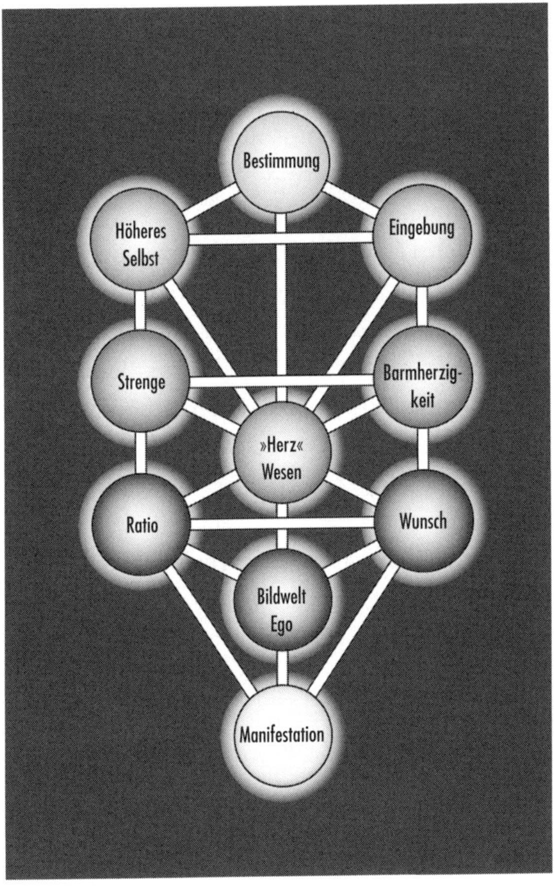

Abbildung 5: Der Baum des Lebens der Kabbala

seitdem es Nationen gibt, bis auf diese Zeit. Zur selben Zeit wird dein Volk errettet werden, alle, die im Buch [des Lebens] geschrieben stehen.
Und viele, so unter der Erde schlafen liegen, werden aufwachen."

Daniel 12,1-2

"Wach' auf!", sage ich. "Wacht auf!", sage ich zu jedem von euch. Und ich spreche zum Bewusstsein einer Nation und zu den Seelen eines Planeten. Heute erwachen die Menschen, doch was sagt die Bibel dazu? Dort heißt es: "Etliche zum ewigen Leben, etliche zu ewiger Schmach und Schande." Sie erwachen mit ihren gewohnten Mustern. Sie erwachen mir ihrem freien Willen, der durch ihre Persönlichkeit und ihre Identität geformt ist - sie können also entweder eins mit Gott sein oder gegen Gott.

Warum zu ewiger Schmach und Schande? Weil die Menschen sich einst irgendwann einmal weigerten, die Knie vor Gott, vor ihrem Herrn und Erlöser, zu beugen. Sie weigerten sich, die

Knie zu beugen und zuzugeben, dass sie die Hilfe der Erzengel und der Legionen des Lichts brauchen, da sie nicht allmächtig sind und ohne das unendliche Licht Gottes nichts sind. Sie verweigerten es, Gottes Willen auszuführen, seinem Ruf zu antworten.

Daniel fährt fort. Er sagt: "Die Lehrer aber werden leuchten wie des Himmels Glanz." Der Glanz des Himmels ist bei denen, die die Weisheit des lebendigen Christus gesucht haben.

Alle werden dies sehen, weil ihre Aura ein Speicher des Lichtes der Erzengel, des Lichtes Gottes sein wird, das das Licht des ICH BIN DER ICH BIN ist. Dieses Licht lässt sich nicht verbergen. Lebt dieses Licht in einem Menschen, so wirkt es wie ein gigantisches loderndes Feuer.

Man erkennt die Lichtträger, wenn man sie sieht. Ebenso erkennt man die Diener der Korruption auf den ersten Blick - denn sie tragen kein Licht.

"... und die so viele zur Gerechtigkeit weisen, (werden leuchten) wie die Sterne immer und ewiglich", sagt Daniel. Mit dem Begriff "Gerechtigkeit" ist hier gemeint, dass man die Menschen dieser Erde zur korrekten Einhaltung der Gesetze bringt - dass man sie wieder zur Einhaltung der Gesetze Gottes, des Lichtes Gottes, des Namens Gottes und des lebendigen Christus bringt, der dessen Fürsprecher ist. Bringen Sie die Menschen und vor allem auch sich selbst dorthin zurück - und Sie werden durch den Dienst, den Sie damit verrichten, Ihre eigene Unsterblichkeit erlangen.

Ihr Stern ist der Stern Ihres Kausalkörpers[5)], die sich überlagernden Lichtkreise, die die Gegenwart Gottes umgeben, die stets bei Ihnen ist. Jene Erscheinung des ICH BIN DER ICH BIN vor Mose zeigt uns, dass unser Gott lebt und Tag für Tag jeden Schritt mit uns geht, dass jeder von uns für ihn wertvoll ist. Er wird uns niemals allein lassen. Er schenkte uns zwar jene individuelle Ausprägung seiner selbst, und doch bleibt er immer noch der eine Gott.

Paulus schrieb, dass ein Stern sich vom nächsten durch seinen Glanz unterscheidet. Daher hat

5) Konzentrische Lichtkreise im oberen Teil der Abbildung des göttlichen Selbst.

Abbildung 6: Daniel liest die Inschriften an der Wand
Gustave Doré

jeder von uns einen Kausalkörper, der im Hinblick auf die guten Taten, die wir während unseres Lebens auf Erden zu leisten vermochten, einzigartig ist.

Sie haben diesen Kausalkörper während all Ihrer Leben im Dienst an Gott individualisiert.

Diese Prophezeiung bei Daniel sagt uns, dass wir in dieser "trübseligen Zeit" Gott brauchen. Ohne ihn können wir nicht sein. Wir können über die Erzengel mit ihm in Kontakt treten. Dazu schickt er seine Erzengel ganz nahe zu uns, damit wir spüren, dass er sich um uns kümmert und uns von all der Dunkelheit befreien wird.

Erzengel Michael war der Engel, der Josua erschien, als er sich darauf vorbereitete, das Volk Israel in die Schlacht bei Jericho zu führen. Hier ist die Szene: Stellen Sie sich bildlich vor, wie dieser mächtige Erzengel des Herrn vor dem Volk steht. Können Sie sich die Majestät des Erzengels vorstellen?

Abbildung 7: Darstellung des göttlichen Selbst

"Und es begab sich,
da Josua bei Jericho war,
dass er seine Augen aufhob
und ward gewahr,
dass ein Mann[6] ihm gegenüberstand
und hatte ein bloßes Schwert in seiner Hand.

Und Josua ging zu ihm und sprach zu ihm:
'Gehörst du uns an oder unseren Feinden?'
Er sprach: 'Nein, sondern ich bin
ein Fürst über das Heer des Herrn
und bin jetzt gekommen.'
Da fiel Josua auf sein Angesicht zur Erde
und betete (ihn) an ..."

Josua 5,13-14

... denn er kannte und spürte die Gegenwart Gottes in der Gegenwart des Erzengels. Wenn ein Erzengel des Herrn vor Ihnen stehen würde - Sie würden bestimmt ebenfalls niedersinken und Ihr Antlitz beugen!

[6] In der Bibel werden Engel stets als "Männer" bezeichnet.

Abbildung 8: Der himmlische Führer
Gustave Doré.

"(Josua) sprach zu ihm:
'Was sagt mein Herr seinem Knecht?'"

Und der Fürst über das Heer des Herrn sprach zu Josua:

"'Zieh' deine Schuhe aus von deinen Füßen; denn der Ort, darauf du stehst, ist ein heilig Land!' Und Josua tat also."

Josua 5, 14-15

Da die Erzengel die Gegenwart Gottes verkörpern, wird die erste Bitte, die sie an Sie stellen, lauten:

"Zieh' deine Schuhe aus. Lege das Joch deines Karmas und jenes fleischlich orientierte Bewusstsein ab. Lege dein menschliches Bewusstsein für den Augenblick ab, und kommuniziere mit Gott in der göttlichen Realität, die in dir ist. Du bist in der Gegenwart Gottes. Du kannst durch diese Gegenwart verwandelt werden."

So tat es Josua, und das Volk Israel gewann die Schlacht.

Die gefallenen Engel

Im 12. Kapitel der Offenbarung wird die Schlüsselrolle von Erzengel Michael als der Verteidiger der Frau, die mit der Sonne bekleidet ist, geschildert. Die Frau, die mit der Sonne bekleidet ist, stellt die "Erz-Maria" dar, unsere geliebte Maria, die Mutter Jesu, die mit Recht die "Königin der Engel" genannt wird und die Frau ist, die von Gott auserwählt wurde, um den göttlichen Menschensohn zur Welt zu bringen.

Wer ist dieser göttliche Menschensohn? Es ist der universelle Christus. Es ist der Sohn Gottes, der die lebendige Identität des lebendigen Christus in jedem von uns ist.

Die Frau, die mit der Sonne bekleidet ist, stellt die Frau von heute und das weibliche Prinzip in jedem von uns dar. Die Seele ist das weibliche Potenzial des Lebens sowohl im Mann als auch in der Frau. Erzengel Michael kam, um die göttliche Mutter und den Gottessohn zu verteidigen. Er vertrieb ihren Feind und all seine Heerscharen aus den Höfen des Himmels zur Erde hinab.

In der Offenbarung heißt es: "Und es erhob sich ein Streit im Himmel" - das bedeutet, in der himmlischen Welt, die wir als die "ätherische Oktave" bezeichnen:

"Michael und seine Engel stritten
mit dem Drachen (das war Luzifer);
und der Drache stritt und seine Engel,
und siegten nicht,
auch ward ihre Stätte nicht mehr gefunden
im Himmel.
Und es ward ausgeworfen der große Drache,
die alte Schlange,
die da heißt der Teufel und Satanas,
der die ganze Welt verführet,
und ward geworfen auf die Erde,
und seine Engel wurden auch
dahin geworfen."

Offenbarung 12,7-9

Was sagt uns dies? Es sagt uns etwas ganz Wichtiges: dass gefallene Engel als Bestrafung für den Versuch, der göttlichen Mutter und dem Christuskind Gewalt anzutun, in menschlichen Körpern auf die Erde verbannt wurden. Die Kirchenväter haben zwar vehement gegen diese Interpretation argumentiert, doch ich versichere Ihnen, dass dem so ist. Diese gefallenen Engel waren buchstäblich in physische Körper gebannt worden, um ihr Karma abzuarbeiten und sich in diesen physischen Körpern weiterzuentwickeln.

Das Christuskind ist die lebendige Identität jedes Einzelnen von uns und jeder Person auf Erden. Das Wort "Christus" ist nur ein Begriff aus dem Christentum, das vom griechischen Wort "Christos" stammt. Dies bedeutet: "der Gesalbte", denn Christus ist derjenige, der mit dem Licht der ICH BIN-Gegenwart gesalbt ist. Und wer mit jenem Licht gesalbt ist, ist unser eigenes Höheres Selbst, das wir als zentrale Figur auf der Darstellung des göttlichen Selbst erkennen können, und das wir als das "heilige Christusselbst" bezeichnen.

Wir erkennen, dass Gott seinen einzigen Sohn als göttliches Menschenkind gesandt und jedem von uns diese persönliche Gegenwart Christi geschenkt hat. Eine Milliarde mal Christus mal eins bleibt eins. Es gibt nur einen Christus, einen Sohn Gottes. Doch jedem von uns ist jene lebendige

Christusgegenwart geschenkt, durch die wir persönlich mit unserem Herrn kommunizieren können.

Luzifer war ein Erzengel, als er aus dem Himmel verstoßen wurde. Doch er war von Peshua Alga verführt worden, dem ersten Rebellen, der sich gegen Gott erhoben hatte. Sein Name findet sich nicht in den heiligen Schriften, doch er findet sich in der Akasha-Chronik unseres Planeten. Er ist auch als der "Verführer der Brüder" bekannt. Als Peshua Algas Sohn starb, verfluchte er Gott dafür, dass er den Tod seines Sohnes zugelassen hatte. Er lehnte jeden Trost ab und schwor ewige Rache am Allmächtigen. Dies war die erste Sünde, die jemals gegen Gott begangen wurde.

Während der großen Rebellion verursachte Luzifer den Fall vieler anderer Engel, die in der Hierarchie unter ihm standen. In der Heiligen Schrift heißt es: "Sein Schwanz fegte ein Drittel des Himmels davon." Ein Drittel der Engel fiel, folgte ihm und ahmte seine Art der Rebellion und des Hochmuts nach. So stürzten sie auf Grund ihres Hochmuts und ihres Machtstrebens. Sie verloren ihren Zustand himmlischer Anmut und stürzten tief.

Viele von ihnen mussten auf der Erde inkarnieren, wie ich bereits erwähnt habe, um ihr Karma abzuarbeiten, doch auch, um Zeit zur Buße zu haben, gerettet zu werden, umzukehren, dem Herrn ins Antlitz zu blicken und ihn als ihren Retter anzuerkennen. Doch die meisten von ihnen haben dies nie getan. Sie haben ewige Feindschaft gegen den Herrn geschworen.

Worin genau bestand nun die Sünde Luzifers? Nun, er beging erstmalig Selbstvergötterung. Er stürzte aufgrund von Hochmut, Herrschsucht und Widerstand gegen die Gesetze Gottes. Er sprach zu Gott und sagte: "Ich kann dieses Universum besser regieren als du, und mit Sicherheit besser als dein Sohn. Ich stehe in der Hierarchie höher als dein Sohn. Ich werde mich nicht vor ihm verbeugen. Ich werde ihn nicht anerkennen, und ich werde ihm nicht dienen." Dies sind die Worte Luzifers, und alle Engel, die ihm in diesem Anflug von Hochmut folgten, stimmten ihm zu.

Über Gottes Nachkommen steht geschrieben: "Ihr steht ein wenig niedriger als die Engel, doch ihr seid mit mehr Ruhm und Ehre gekrönt." Weil wir in diese fleischlichen Körper inkarniert sind, wie Jesus auch, werden wir also mit Ruhm und Ehre gekrönt sein, wenn wir schließlich wieder in die Himmelswelt zurückkehren. Gott hat seinen Sohn über die gesamte Schöpfung und über die Engel gestellt. Und wir, als Söhne und Töchter Gottes, haben, wenn wir im Namen Jesu Christi die Engel anrufen, die Autorität, diese zu lenken, sie aufzufordern, uns zu helfen, ja, ihnen sogar den Befehl zu geben, die Kriminalität in unserer Stadt zu stoppen, unsere Kinder zu beschützen, Drogenhandel zu unterbinden und so fort. Es ist so einfach, diesen Ruf zu tun. Es ist so wichtig, dass wir dies täglich tun, denn wir können tagtäglich Millionen von Engeln anrufen, uns zu helfen, die Probleme unserer Dörfer und Städte zu lösen.

Der heilige Franz von Sales erkannte, dass Erzengel Michael die Macht hat, die rebellischen Engel und die hochmütige Geisteshaltung zu bekämpfen, die sie in die Herzen der Kinder Gottes zu streuen versuchten. Er schrieb: "Die Anbetung des heiligen Michael ist das beste Mittel gegen die Missachtung der Rechte Gottes, gegen Aufsässigkeit, Zweifel und Untreue." Darüber sollten wir nachdenken, denn dies sind geistige Zustände, in die die gefallenen Engel uns regelmäßig lenken, indem sie Gottes Recht missachten, in unserer Welt der Herr zu sein, indem sie Gott verachten und daher aufsässig, zweifelnd und untreu sind. Erzengel Michael schenkt uns den Glauben, die Willenskraft und selbst Gottes Kraft, um auf dem richtigen Weg zu bleiben.

Seit dem Augenblick, als Michael die Engel aus dem Himmel geworfen hat, herrscht auf Erden ein Kampf. In der Heiligen Schrift heißt es:

"Weh' denen, die auf Erden wohnen und
auf dem Meer!
Denn der Teufel kommt zu euch hinab
und hat einen großen Zorn
und weiß, dass er wenig Zeit hat."

Offenbarung 12,12

Dieser Kampf findet heutzutage in unseren Städten statt. Schaut unsere Kinder an! Schaut, wie sie den Drogen verfallen. Schaut, wie frühzeitig sie Sex haben und daher Aids bekommen können, bevor sie 20 Jahre alt sind. Schaut, was mit diesen Kindern passiert, mit ihrem Körper, ihrer Seele und ihrem Geist. Dies ist der Krieg in den Straßen unserer Städte. Und unsere Regierungen erkennen es nicht einmal und unternehmen keinerlei effektive Maßnahmen, die man ergreifen müsste, um beispielsweise für Aids ein Heilmittel zu finden, und auch, um vorzubeugen, dass es nicht weiterverbreitet wird.

Eine große Herausforderung für uns

Wir stehen einer großen Herausforderung gegenüber. Wer von uns könnte überhaupt nur ernsthaft darüber nachdenken, dieser Herausforderung allein zu begegnen? Wir können es nicht! Doch mit Gottes Hilfe sind wir dazu in der Lage, mit seinen Engeln. Und wenn wir lernen, die Anrufung zu sprechen, werden wir sehen, wie Millionen von Engeln die Situation wenden können.

Gott räumte den gefallenen Engeln eine bestimmte Zeit ein, um ihre Sünden zu büßen. Doch sie setzen ihre diabolischen Handlungen fort - sie handeln weiter mit Drogen, misshandeln Kinder sexuell ... In meinem Buch "Die verbotenen Mysterien von Enoch"[7] erzähle ich die Geschichte von den gefallenen Engeln und vom Ursprung des Bösen. Dieses Buch beschreibt die Taten der gefallenen Engel und enthält den gesamten Text des Buches von Enoch in der Übersetzung von Richard Laurence. In meinem Vorwort gehe ich ebenfalls

[7] Im Englischen unter dem Titel "Fallen Angels - Origins of Evil" ("Gefallene Engel - Die Wurzeln des Bösen") von Elizabeth Clare Prophet erschienen.

auf das Buch Enoch ein und diskutierte, weshalb die Kirchenväter Enochs Lehre, nämlich dass gefallene Engel in menschliche Körper inkarnieren konnten, derart unterdrückten.

Diese wundervolle Geschichte handelt davon, wie die Engel Enoch auf eine andere Ebene mit hinaufziehen und ihm die Welt und alle Dinge darin zeigen, sowie ihm Einblick in die Zukunft geben. Dies ist ein fehlendes Glied in der Kette hinsichtlich unseres Verständnisses der Bibel. Das Einzige, was wir über Enoch aus der Heiligen Schrift wissen, ist, dass er "der siebte Spross von Adam" war.

Doch Enoch spielt in unserem Leben eine bedeutende Rolle. Er ist ein reales und heiliges Wesen. Er ist ein Heiliger im Himmel. Und er ist unser Vater. Wir müssen ihn anrufen wie einen der irdischen Väter, die unsere Vorfahren waren. Er weiß alles über die rebellischen Engel. Er weiß alles über den Ursprung des Bösen.

Wir müssen das Böse bekämpfen, wenn wir die wundervollen Seelen retten wollen, die auf Erden sind und dennoch keine Führer haben, die dennoch keine Lehrer haben, die ihren Weg nicht kennen. Und so nehmen sie sich einen Rockstar zum Vorbild, wählen den Weg des geringsten Widerstandes, nehmen an, was im Fernsehen läuft, was sie in Kinofilmen sehen: Gewalt, Gewalt und nochmals Gewalt - um festzustellen, wer das meiste bekommen kann - als ob sie dafür einen Preis verliehen bekämen.

Die gefallenen Engel fühlten sich nicht dadurch erniedrigt, dass sie aus dem Himmel verstoßen worden waren, denn sie haben ihren Hochmut bis heute nicht abgelegt. Die gefallenen Engel wollen nicht akzeptieren, dass Sie der Sieger sind. - Möglicherweise erringen Sie jeden Tag Ihres Lebens einen Sieg. Vielleicht hören Sie auf zu rauchen und halten dies eine Zeit lang durch. Doch dann wird der gefallene Engel auftauchen und in Ihr Ohr flüstern: "Eigentlich hast du gar nicht gesiegt", und: "Es macht gar nichts, wenn du noch einmal rauchst. Rauche einfach heute noch einmal. Du kannst ja morgen aufhören." Die gefallenen Engel werden niemals akzeptieren, dass Sie den Sieg davontragen - achten Sie also darauf, dass Sie selbst Ihren Sieg akzeptieren. Weil da dieser Krieg läuft, weil Sie diese Dämonen nicht sehen können, auch nicht diese "Besitz-Dämonen", die die Körper und Köpfe der Menschen besetzen, müssen wir täglich Erzengel Michael anrufen.

Leider beschloss die katholische Kirche in den letzten Jahrzehnten, das Schutzgebet von Papst Leo XIII. aus der Liturgie zu streichen - ein Gebet an Erzengel Michael, um böse Geister zu binden. Erzengel Michael erschien mir vor vielen Jahren und sagte mir, dass ich zuallererst für ihn einen Rosenkranz zusammenstellen solle, so dass wir das Vaterunser, das Ave Maria beten und ihn anrufen können. Zweitens ließ er mich diese Lieder, Dekrete und Gebete zusammenstellen, die Sie verwenden können.

Es ist wundervoll zu wissen, dass wir ihn anrufen können. Indem wir die Dekrete sprechen, die er uns geschenkt hat, stellen wir den direkten Kontakt zu seiner Gegenwart her. Wir haben viele Lieder für die Engel und viele für Erzengel Michael. Sie können Ihren eigenen Gottesdienst zum Erzengel Michael zusammenstellen. Sie werden spüren, wie sich in Ihnen sofort eine Gegenwart manifestiert, einfach indem Sie seinen Namen rufen und sich hingebungsvoll an sein gesegnetes Herz wenden, das stets bereit ist, Ihnen zu helfen und Ihnen seine Engelsscharen zu Hilfe zu schicken.

Von den Erzengeln behütet

Haben Sie erst einmal diesen Weg eingeschlagen, den Weg, der Sie direkt zu Gott nach Hause führt, machen Sie eine Veränderung um 180 Grad und wenden sich der Sonne zu. Doch jetzt werden Sie damit konfrontiert, den Feind im Inneren und im Außen zu bekämpfen. Dies wird die Herausforderung sein, die an Sie gestellt wird, doch Sie werden sie annehmen, weil Christus Ihnen Kraft gibt, weil die Engel für Sie kämpfen werden. Der Feind greift niemanden an, der nicht das Bedürfnis hat, zu Gott zurückzukehren. Er greift die Lichtträger an, die nicht nur das Licht tragen, sondern auch bereit sind, die Verantwortung auf sich zu nehmen, ihr eigenes Karma zu tragen.

Wir brauchen die Erzengel, denn ohne sie sind wir den gefallenen Engeln unter uns nicht gewachsen. Erzengel Michael ist unser Verteidiger. Er ist mit seinen Engelsscharen eine Art "kosmische Polizei". In der Tat ernannte Papst Pius XII. im Jahr 1950 Erzengel Michael zum Schutzengel der Polizeibeamten.

Wie ich bereits erwähnt habe, ist Erzengel Michael der Fürst der Erzengel. Alle Lichtscharen, die in diesem System der Welten und darüber hinaus dienen, unterstehen seinem Kommando. Kürzlich sagte er zu uns: "Es gibt Tage, an denen ich mit meinen Legionen Zehntausende von Dämonen für einen Einzigen unter euch vernichte, um euch zu verteidigen!"

Denken Sie nach! Denken Sie darüber nach, wie diese unsichtbaren Helfer Gottes uns jeden Tag unseres Lebens verteidigen. Welch unvorstellbare Unterstützung wir genießen! Ich weiß, dass Erzengel Michael mein Leben persönlich Tausende von Malen gerettet hat - und noch viele Male mehr, wo es mir gar nicht bewusst war. Ich bin mir sicher, das Gleiche trifft auch auf Sie zu.

Mit Gebeten geballte Energie erzeugen

Eine Heilige im Himmel, die den Namen Freiheit trägt, sagte zu uns: "Erzengel Michael ist an eurer Seite. Er erhört euren Ruf und beantwortet ihn stets aufs Beste, wenn ihr täglich ein gewisses Maß an Energie speichert."

Sie sagte: "Euer Hilferuf wird sofort erhört werden, wenn ihr diesen Energiespeicher aufgebaut habt."

Ich kann Ihnen verraten, wenn Sie beginnen, Gebete an Erzengel Michael zu sprechen, diese wiederholen und sagen: "Nun, ich werde jetzt einfach an meinem Altar stehen und dieses Gebet an Erzengel Michael wiederholen", werden Sie, nachdem Sie es mehrere Male, vorzugsweise in Neunersequenzen, gesprochen haben, an einen Punkt kommen, wo sich etwas verändert, wo ein Kontakt entsteht. Sie werden einen Lichtstoß spüren, der Ihren ganzen Körper erfüllt. Sie werden erkennen, dass Ihre Gebete in jenem Moment, indem Sie dieses Maß an Hingabe aufgebaut haben, den Weg für Erzengel Michael geebnet haben, um buchstäblich in Ihren Tempel hinabzusteigen und seine Gegenwart über Ihnen auszubreiten. Die Erzengel bieten den stärksten Trost, die wohligste Nähe, die Gott uns schicken kann, und erhören so liebevoll, so aufrichtig und mit so großer Treue den Ruf jedes einzelnen kleinen Kindes und jeder Person auf Erden.

Es ist gut, sich einen Energiespeicher durch Gebete anzulegen, egal welcher Religion man angehört, egal, welches Gebet man bevorzugt. Tut man dies täglich zur gleichen Zeit, so füllt dies jenen Energiespeicher. Man schafft damit ein "Lichtreservoir", das im Herzen versiegelt ist, und man kann in schwierigen Situationen darauf zurückgreifen.

Tipps zur effektiven Rezitation von Dekreten

Es ist ratsam, das Wort Gottes und die Gebete Gottes mit Autorität zu sprechen, den Mut zu haben, dies regelmäßig zu tun und wahre, dauerhafte Fortschritte zu machen, also nicht drei Schritte vor und vier zurück zu tun, sondern kontinuierlich Fortschritte zu machen, auch wenn es nur kleine sind.

Erzielen Sie Fortschritte, und halten Sie daran fest. Verbessern Sie etwas in Ihrem Leben, an Ihrem Wesen, an Ihrer Situation. Bleiben Sie standhaft! Halten Sie den Mächten der Finsternis stand, die Ihnen das entreißen möchten, was Sie erlangt haben.

Erinnern Sie sich an die Worte Jesu. Man sagt, dass er mit Macht und Autorität gesprochen hat. Er besaß die Autorität des ICH BIN DER ICH BIN und der Engel, und er wusste es. Wir wollen in seine Fußstapfen treten und seinem Beispiel folgen.

Wir können auch den Engeln Befehle erteilen, doch wir dürfen niemals vergessen, dies im Namen

Gottes zu tun, denn in der Bibel heißt es, dass der, der im Namen des Herrn ruft, errettet wird.

Daher sagen wir:
"Im Namen Gottes, des ICH BIN DER ICH BIN (dem Namen Gottes, der uns durch Moses gegeben wurde), *im Namen dieser mächtigen ICH BIN-Gegenwart und der Gegenwart Christi in mir sowie im Namen meines Herrn und Retters Jesus Christus, spreche ich folgendes Dekret: ..."* Und dann können Sie eines der Dekrete aus meinem Buch über die Engel sprechen.[8)]

[8)] "Mit Engeln arbeiten", Silberschnur Verlag 2003

Dekret zum Schutz für Reisende

Nehmen wir beispielsweise das Dekret zum Schutz auf Reisen. Wir sprechen also:

"Im Namen Gottes, im Namen meiner mächtigen ICH BIN-Gegenwart und Jesus Christus spreche ich folgendes Dekret:

Schutz für Reisende

Erzengel Michael vor mir!
Erzengel Michael hinter mir!
Erzengel Michael zu meiner Rechten!
Erzengel Michael zu meiner Linken!
Erzengel Michael über mir!
Erzengel Michael unter mir!
Erzengel Michael, Erzengel Michael,
wo auch immer ich geh'!

ICH BIN im Schutz seiner Liebe hier!
ICH BIN im Schutz seiner Liebe hier!
ICH BIN im Schutz seiner Liebe hier!

Die Gestalt von Erzengel Michael erscheint vor uns, verbannt den Teufel aus dem Himmel auf die Erde hinab und bindet dessen Kraft. Wir sehen Erzengel Michael in voller Rüstung auf uns zukommen. Man erkennt deutlich, dass er ein mächtiges Schwert bei sich hat. Es handelt sich dabei in Wirklichkeit um ein blaues Lichtschwert. Damit schlägt er von uns alles ab, was nicht göttlich ist, was nicht vom Licht kommt. Er bestärkt unseren göttlichen Plan, unsere innere Blaupause, die jeder von uns aus freien Stücken annehmen kann, wenn er will.

Diesen Schutz für Reisende sprechen Sie jederzeit, sobald Sie sich irgendwohin begeben, oder auch, wenn Sie einfach zu Hause bleiben. Dabei sollten Sie sich bemühen, dieses Kraftfeld, diese Gegenwart Michaels um sich herum wahrzunehmen. Sie sehen ihn vor sich, Sie sehen ihn hinter sich. Sie sehen ihn zu Ihrer Rechten, zu Ihrer Linken, unter Ihnen, über Ihnen und mitten in Ihrem Körper. Überall, wo Sie auch gehen und stehen, da ist auch Erzengel Michael.

Wenn Sie also beispielsweise mit dem Auto zur Arbeit fahren, rufen Sie Erzengel Michael herbei, auf dass er jedes andere Auto auf der Autobahn, auf jeder Autobahn bzw. jeder Straße dieser Welt einhüllt.

Es bedarf so gut wie keiner zusätzlichen Zeit, Ihre Anrufung zu vervielfachen und dieses Gebet für jeden einzelnen Menschen, der sich mit irgendeinem beliebigen Transportmittel irgendwohin begibt, zu sprechen. Es ist einfach um der großen Freude willen, die Sie haben, wenn Sie einen Ruf tun können, und Millionen von Engeln diesen überall auf der Erde erhören.

Meditation für das Kehlchakra

Vor vielen Jahren, als ich bei Mark Prophet und El Morya sowie Saint Germain in die Lehre ging, um Sendbotin zu werden, war ich gerade in Washington, D.C. Ich befand mich in einer Parklücke und plötzlich spürte ich, wie ich gefallenen Engeln in die Fänge fiel.

Man merkt es, wenn das passiert. Vielleicht glauben Sie nicht, dass Sie es merken, doch Sie merken es. Sie haben dann das Gefühl, von jemandem gepackt zu werden, als ob sehr starke, jedoch dunkle Hände Sie in den Griff nehmen.

Ich stieg aus dem Wagen und richtete mich tapfer auf. Ich sagte zu mir selbst: "Entweder ich oder sie. Also los." Ich kannte dieses Gebet. Ich richtete also meinen Blick auf den blauen Himmel, denn der blaue Himmel verbindet mich immer mit der himmlischen Welt. Mit all meiner Kraft, die ich aufbringen konnte, sprach ich dann das Gebet "Meditation für das Kehlchakra". Ich wiederholte es dreimal (einfach nur, um 'auf Nummer Sicher' zu gehen). Ich sprach:

ICH BIN-Gegenwart,
du bist der Meister

ICH BIN-Gegenwart, du bist der Meister,
ICH BIN-Gegenwart, bereite den Weg!
Lass' dein Licht und all deine Kraft
hier zu dieser Stunde übernehmen die Macht!
Verbreite die Meisterschaft von deinem Sieg,
lass' den blauen Blitz aufzucken,
deine Ursubstanz!
Gieße dich herab in diese Gestalt,
auf dass Perfektion und ihre Pracht
aufflammen und die Welt überwinden!

Zu meinem Erstaunen spürte ich gleich, wie die Teufel von mir wichen. Und augenblicklich fühlte ich die Gegenwart von Erzengel Michael über mir.

Dadurch wurden mir so viele Dinge klar. Ich merkte, dass ich, wenn ich jene Entscheidung damals nicht getroffen hätte, möglicherweise freiwillig zum Diener jener gefallenen Engel geworden wäre. Ich wäre vielleicht freiwillig mit ihnen gegangen und ihnen gefolgt. Doch ich konnte in mir selbst keinerlei Widerstand gegenüber Gott, keinen Hochmut dulden, und ich hatte mit vielen Aspekten menschlichen Bewusstseins zu kämpfen. Das war vor 30 Jahren.

So gibt es in jedermanns Leben diesen Bruchteil einer Sekunde, mit der wir tagtäglich Entscheidungen treffen. Werden wir dieses bisschen Klatsch und Tratsch großmütig übergehen? Werden wir dem anderen seine Kritik nachsehen? Werden wir über jene hochmütige Behandlung einfach hinwegsehen?

Wenn wir die Entscheidung treffen zu reagieren, weichen wir von Gottes Seite und der lebendigen Gegenwart in uns. Wir reihen uns in die Kette der Kräfte ein, die gekommen sind, um uns ganz heimtückisch zu überlisten - äußerst heimtückisch ...

Vergessen wir nicht, dass wir, solange wir in diesem fleischlichen Körper leben, der Versuchung ausgesetzt sind, Prüfungen unterworfen sind. Gott hat das Recht, uns zu prüfen, uns auf die Probe zu stellen. Und wenn wir tausend Prüfungen abgelegt haben, wird er uns nochmals prüfen. Denken Sie bzw. sagen Sie daher auch niemals zu irgendjemandem: "Das habe ich für immer hinter mir gelassen." Denn sobald Sie das sagen, wird entweder ein Teufel oder ein Engel Gottes auftauchen und Sie testen. Prahlen Sie also niemals damit, in irgendeiner Hinsicht perfekt zu sein, sondern schließen Sie es besser als Geheimnis in Ihrem Herzen ein.

Beobachten Sie sich selbst dabei, wenn Sie die Entscheidung treffen, die negativen Aspekte abzulehnen und das Positive anzunehmen, Liebe zu verbreiten anstatt Hass. Treffen Sie Entscheidungen dieser Art. Treffen Sie sie jetzt sofort. Seien Sie ständig auf der Hut. Erzengel Michael ist Ihr Hüter und Beschützer, aber seien Sie trotzdem auf der Hut, und fällen Sie die richtige Entscheidung.

Und wenn Sie die richtige Entscheidung treffen und sie mit diesem Gebet noch untermauern, werden die Teufel definitiv nicht nur von Ihnen weichen, sondern aus Ihrer gesamten Familie. Sie werden verängstigt flüchten. Wissen Sie, warum? Sie sind wie Kojoten. Sie sind Feiglinge. Sie sind richtige Feiglinge, und sie treten in Scharen auf.

Was passiert also, wenn wir diese Affirmation sprechen? Wir bestätigen, dass Gott unser einziger Meister ist. Wir sagen: "ICH BIN-Gegenwart, du bist der Meister in meinem Leben, und in meinem Leben gibt es keinen anderen Meister neben dir." Wir bekräftigen dies mit den Worten: "Höre, oh Israel, der Herr, unser Gott, ist der eine Herr." Wir lassen es nicht zu, dass die Angst unser Meister wird. Wir lassen es nicht zu, dass der Zweifel unser Meister wird. Wir lassen es nicht zu, dass die Selbstverherrlichung unser Meister wird. Wir lassen es nicht zu, dass Gier, Lust, Geld, Besitz oder andere Menschen unsere Meister werden. Wir werden kein gespaltenes Bewusstsein haben, und wir werden es nicht zulassen, dass uns irgendetwas in uns von Gott trennt. Denn in dem Augenblick, wo wir dies zulassen, werden wir unsere Fähigkeit verlieren, im Hinblick auf unseren Beruf, unsere Arbeit, unsere Gesundheit spirituell zu überleben. Entweder wir haben einen Gott, oder wir haben keinen Gott.

"Ich und mein Haus", sagte Josua, "wir werden dem Herrn dienen, der mächtigen ICH BIN-Gegenwart!" Wir wollen die Einheit mit unserem Gott bestärken, die ungebrochen ist. Unser Gott ist unverwundbar. Wenn wir mit Gott eins sind, sind wir unverwundbar. Wir wollen zusammen sprechen:

"Höre, oh Israel, der Herr, unser Gott,
ist der eine Herr!"
(Dreimal sprechen)

Wir sprechen:

"Ich bin der verlängerte Arm
meines Gottes hier unten, wie oben,
Gott allein ist mein Meister."

Eine Lektion für meine Seele

In diesem Zusammenhang hatte ich noch eine weitere Lektion zu lernen. Es war nach dem Tod von Mark Prophet, der 1973 gestorben war, als wir in Colorado Springs lebten. Ich zog mit unserer Kirche von Colorado Springs nach Pasadena/Santa Barbara um - und siehe da, ich erhielt Besuch von Aliens. Niemals hatte ich nach Aliens Ausschau gehalten oder erwartet, welche zu treffen, doch es geschah trotzdem. Sie nahmen Kontakt zu mir auf. Ich wusste damals so klar wie heute, dass sie nicht die Diener Gottes, sondern die Diener der Bestechlichkeit, Diener ihres verdorbenen Selbsts waren. Man vermutet, dass es konstruktive und destruktive Aliens gibt. Fest steht, dass sie unsere Welt in ihren Raumschiffen aufsuchen.

Wenn wir in unserem Zentrum in Santa Barbara waren, ging ich gewöhnlich zum Strand hinunter und machte dort einen Strandlauf. Mir war die Gegenwart von Aliens und Raumschiffen dort sehr bewusst. Ich wusste es, so wahr ich hier stehe, und fühlte ihre Energie. Ich hatte niemals zuvor eine Kraft wie die ihre gespürt - mit Ausnahme der Kraft Gottes. Das war ein beeindruckendes Erlebnis.

Ich wusste, dass sie darauf aus waren, mein Schicksal und meine Zukunft zu bestimmen. Und ich sagte zu mir: "Das ist es. Entweder ich glaube an den einen wahren Gott, den Gott von Abraham, Isaak und Jakob, den lebendigen Gott, und ich weiß, dass Jesus Christus mein Herr und Erlöser ist, und ich fürchte daher nichts Böses, 'da du bei mir bist', oder ich fürchte sie und mache sie zu meinen Göttern. Dies ist mein Test, dies ist meine Entscheidung. Wenn ich sie zu meinen Göttern mache, ist alles vorbei. Dann habe ich keine Mission mehr. Dann bin ich keine Botschafterin des ICH BIN DER ICH BIN mehr. Dann kann ich nicht einmal mehr den einen Gott als den allmächtigen Gott verkünden."

Einmal geschah es, dass ich mich auf diese Aliens konzentrierte, da ich einen Vortrag über UFOS schrieb. So dachte ich über mich selbst nach und sagte: "Was bin ich? Ich habe nichts und ich bin nichts. Ihnen steht die gesamte Technologie des Universums zur Verfügung. Sie können mit mir machen, was sie wollen. Doch in der Gegenwart meines Gottes werde ich sie nicht fürchten. Ich werde auf Gott vertrauen. Ich werde auf den Schutzmantel meiner ICH BIN-Gegenwart vertrauen. Ich werde sie nicht fürchten. Im Namen Jesu Christi werde ich sie herausfordern und mich ihnen stellen." - Sobald ich diese Entscheidung getroffen und den Herrn angerufen hatte, wichen diese Aliens von mir. Sie flohen nicht nur vor mir, sie achteten auch darauf, mir künftig aus dem Weg zu gehen, denn die Erzengel kamen mir zu Hilfe, und die Aliens waren ihnen nicht gewachsen. Gott wird uns nicht im Stich lassen, wenn wir den Feind in seinem Namen herausfordern.

Ich denke, dass jene Entscheidung, die ich damals traf, die wichtigste Entscheidung meiner Karriere auf dem spirituellen Weg war. Das war mein Test, um festzustellen, ob ich meine Seele verkaufen würde oder nicht - und wofür? Das Einzige, wofür ich meine Seele verkauft hätte, wäre gewesen, keine Angst mehr zu haben. Und warum sollte ich etwas fürchten, wenn Gott der höchste Gott ist, und ich bei ihm bin?

Ich denke, Sie können sich vorstellen, was für ein Gefühl es ist, wenn man destruktiven Aliens begegnet. Wir haben meiner Meinung nach genügend Filme gesehen, und es wurden genügend Bücher über deren Einwirkung auf unser Leben veröffentlicht. Wir haben in dieser Hinsicht also, denke ich, alle das gleiche Maß an Erfahrung. Es schadet nicht, wenn Sie sich geistig in die Zukunft projizieren, an irgendeinen Zeitpunkt, in irgendeine Situation mit solch einer Begegnung, um darauf vorbereitet zu sein und zu wissen, dass Erzengel Michael und der allmächtige Gott im Namen Jesu Christi mit Ihnen sind und für Sie da sein werden. Es ist gut, regelmäßig ein Gebet zu sprechen. Es ist gut, es sich zur Gewohnheit zu machen, zum Altar Gottes zu gehen, zur Kirche zu gehen, zum Tempel zu gehen. Es ist gut, Gott zu kennen, ihn gut zu kennen, um für den Moment gerüstet zu sein, in dem Sie mit der größten Krise Ihres Lebens oder der größten Herausforderung oder Initiation konfrontiert werden, die auf Sie zukommen wird, um zu prüfen, ob Sie bereit sind, zu führen oder zu folgen - oder nicht zu folgen. Dies sind die Prüfungen, die wir zu bestehen haben. Jeder von uns muss sie bestehen, wenn wir von der Ebene der Sterblichkeit zur Unsterblichkeit gelangen möchten.

Ich möchte, dass Sie wissen, dass ich diese Entscheidung nicht traf, ohne alle Konsequenzen sorgfältig abzuwägen - in jeglicher Hinsicht. Ich traf diese Entscheidung letztendlich, weil es die einzig richtige Entscheidung war, die ich treffen konnte.

"Ja!" zu Erzengel Michael

Kommen wir also zurück zu Erzengel Michael, ICH BIN DER ICH BIN und Moses. Entweder Gott ist der Gott aller Götter in unserem Leben und es gibt keine andere Macht, die uns bewegen kann, oder wir erkennen die Existenz anderer Götter unter ihm an. Wenn wir innerlich aber gespalten sind, wenn wir erlauben, dass wir in irgendeiner Hinsicht getrennte Wege gehen, sind wir empfänglich für die Kräfte, die uns benutzen und missbrauchen werden. Ja, diese gefallenen Engel - sie werden uns umschmeicheln, doch dann werden sie uns förmlich zerkauen und ausspeien. Wir werden bis ans Ende unseres Lebens und darüber hinaus in allen zukünftigen Leben verletzlich sein, bis wir beschließen, dem Feind unserer Unsterblichkeit standzuhalten, ihm ins Gesicht zu blicken und ihn zu besiegen. Was wollen die gefallenen Engel? Sie wollen sichergehen, dass wir niemals unsterblich werden, dass wir niemals jene Unsterblichkeit und jenen Grad an Perfektion erreichen, den wir einst mit unserer Zwillingsflamme hatten.

Weil Sie die Gegenwart Gottes und die seines Erzengels anerkennen, wenn Sie das Gebet "ICH BIN-Gegenwart, du bist der Meister" sprechen, das Sie auf Seite 64 finden, steigt ein blauer Lichtzylinder auf Sie herab und umhüllt Sie zu Ihrem Schutz. Sie können visualisieren, wie Sie von dieser Lichtsäule mit der Violetten Flamme in der Mitte und dem zusätzlichen Schutz von Erzengel Michael umgeben sind.

Nehmen wir beispielsweise an, Sie hätten mit Ihrem Sohn oder Ihrer Tochter im Teenageralter ein sehr ernstes Problem mit Kokain oder Heroin oder anderen psychisch bedingten Störungen. Sie haben es in diesem Fall mit Heerscharen von Mächten der Finsternis zu tun, die gegen das Kind arbeiten. Und damit Sie es richtig verstehen - es gibt ohne diese Entitäten, ohne Dämonen, die die Person verfolgen und diese Abhängigkeit verstärken, keine Suchtprobleme. Das ist auch der Grund, warum sich Suchtprobleme so schwer knacken lassen. Wir ringen nicht nur mit der Substanz, der Abhängigkeit und den Giften an sich. Wir ringen mit unsichtbaren Mächten. Daher müssen Sie mehr Entschlossenheit an den Tag legen. Wenn es soweit ist, dass Sie mit Besitz ergreifenden Dämonen konfrontiert sind, müssen Sie den Herrn anrufen, damit er Ihnen Mut macht. Dies ist nicht der Augenblick, um den Duckmäuser zu spielen - Sie fordern echte Teufel heraus. Da Sie aber dem Licht den Befehl erteilen zu handeln, da Sie den Erzengeln und ihren Legionen den Befehl erteilen, diese Kräfte zu binden, können Sie durchaus beherzt handeln.

Wenn Sie mit dieser dynamischen Form des Gebets nicht vertraut sind, probieren Sie es doch einfach einmal aus, besonders dann, wenn nichts anderes gewirkt hat, was Sie bisher ausprobiert haben. Vielleicht gelingt es Ihnen ganz einfach, einen geliebten Menschen zu retten.

Die Kraft des gesprochenen Wortes

Warum sollte Gott uns nicht die Macht des gesprochenen Wortes geben wollen, da er uns doch das Licht, die Fähigkeit zu reden und ein Kehlchakra geschenkt hat? Erinnern Sie sich daran, dass Gott, als er die Erde schuf, gesagt hat: "Es werde Licht!"? Er meditierte nicht - er sprach laut. Und Sie müssen ebenfalls laut sprechen, wenn Sie den Mächten und Elementen einen Befehl erteilen möchten.

Das ist es, genau das würde ich tun, wenn ich mit Jugendlichen zu tun hätte, die in einer Krise stecken. Ich würde diese Anrufung und Affirmation sprechen, die ich oben vorgestellt habe, und immer wieder wiederholen. Es ist sehr wichtig, ein Mantra ständig zu wiederholen, unsere Anrufungen immer wieder zu sprechen. Dahinter verbirgt sich, dass die Engel unser Energiemoment und unsere Rufe von hier unten brauchen, um ihre Aufgabe erfüllen zu können. Es ist nötig, dass wir Dekrete aktiv sprechen. Es geht nicht um die monotone Wiederholung von Gebeten, sondern es handelt sich vielmehr um eine sehr bewusste

Entscheidung dafür, zu beten und dieses Gebet fortzuführen, sozusagen "ohne Unterlass zu predigen", wie es in der Bibel heißt, so dass wir zu einer schützenden Person an der Seite eines Jugendlichen werden können, der mit den bösen Mächten aus der Hölle höchstpersönlich kämpft.

Alle Weltreligionen in allen Zeitaltern, bis zurück in die Zeiten von Atlantis und Lemurien, haben die Lehre vom gesprochenen Wort praktiziert, pünktlich zu jeder Stunde Mantras wiederholt, um das Licht Gottes von den Ebenen der ICH BIN-Gegenwart zu sich herabzuziehen. Gott spricht: "Meine Gedanken sind nicht eure Gedanken." Er meint damit: "Meine Schwingung ist nicht eure Schwingung." Denn unsere Schwingungen sind rein menschlicher Natur, wir leben in einer verdichteten Welt. Gott aber lebt auf der erhöhten Ebene des Lichts. Um dieses Licht nun zu uns herabzuziehen, bedienen wir uns in Dekreten und Gebeten des Namens "ICH BIN". Damit wird das Licht hier unten auf Erden verankert. Wo? In unseren Chakren, in unseren sieben Chakren, den Kelchen, die sein Licht empfangen.

Abbildung 9: Die Chakren im menschlichen Körper

Wir müssen ein Mantra, ein Gebet oder den Rosenkranz - oder was immer sich für Sie in Anbetracht Ihrer eigenen Religionszugehörigkeit am besten anfühlt - tagtäglich sprechen, bis sich das Ergebnis, um das wir bitten, eingestellt hat.

Wahre Geschichten von Erzengel Michael

Ich möchte Ihnen von zwei Männern erzählen, die von Tonnen von Erde verschüttet waren. Da die Mutter des einen von ihnen immer von den Engeln erzählt und ihm beigebracht hatte, wie man die Engel herbeiruft, wurden beide wie durch ein Wunder gerettet, obwohl sie sich zwei Stunden lang unter Tonnen von Schmutz befanden.

Sie sehen also - die Engel befreien uns, doch wir müssen beten und um diesen Schutz bitten. Wir müssen die Engel rufen und ihnen Anweisungen erteilen. Heute müssen wir nicht nur einen Engel für unsere Jugendlichen herbeirufen, sondern gleich ein Dutzend, weil es heutzutage so viele Schwierigkeiten gibt, in die sie in der Zeit von dem Augenblick, an dem sie am Morgen das Haus verlassen, bis zu dem Moment, an dem sie abends zurückkehren, geraten können.

Erzengel Gabriel hat uns gesagt, dass, wenn wir das Dekret: "Erzengel Michael vor mir, Erzengel Michael hinter mir!" sprechen, nicht nur Michael erscheint, sondern alle sieben Erzengel ihre Gegenwart um uns herum intensivieren.

Einsatz für das Leben eines jungen Mädchens

Ich erhielt einen Brief von einer Frau, die Augenzeugin bei einem bemerkenswerten Einsatz von Erzengel Michael im Leben ihrer jungen Tochter Kelly war. Diese Mutter hatte die Jugendlichen zu sich eingeladen, sich mit ihnen zusammengesetzt und ihnen von Erzengel Michael erzählt. Sie hatte ihnen beigebracht, wie man ihn anruft, wie man Dekrete an ihn richtet. Einige Tage, nachdem Kelly und ihre Freunde von Erzengel Michael erfahren hatten, erlitten sie einen schrecklichen Unfall: Ein voll beladener 3-Achser-Lkw rammte mit aller Wucht seitlich ihren Wagen, rollte über das Auto, begrub es unter seinen Reifen und schleifte es 150 Meter mit sich, bis er zum Stehen kam. Kelly war von den Füßen aufwärts bis zur Brustmitte in dem zusammengeschobenen Metall eingezwängt. Ein Reifen des steckengebliebenen Lkws befand sich direkt über ihrem Unterkörper, und sie konnte kaum atmen. Mit all der Kraft, die Kelly noch besaß, rief sie in der Stille ihres Herzens Erzengel Michael um Hilfe.

Sofort hob sich der Lkw etwas an, und sie hatte genug Zeit, ihren Oberkörper frei zu bekommen. Dann senkte sich das Gewicht des Lkws erneut auf sie herab. Kelly erlitt Beckenbrüche, ihr Bein war in zwei Hälften zertrümmert, und sie hatte innere Verletzungen. Sie hatte extreme Schmerzen, doch sie konnte atmen und war am Leben! Dank der Gnade Gottes erhörte Erzengel Michael ihren stillen Ruf und kam ihr zu Hilfe, wie er versprochen hatte.

Die Augenzeugen vor Ort hatten keine Erklärung für das, was sich ereignet hatte. Sie wussten nur, dass sich ein Wunder ereignet hatte und ein Leben gerettet worden war. Durch die Gnade Gottes und nach drei Operationen war Kellys Körper wieder in Ordnung.

Kellys Mutter schloss ihren Brief mit den Worten: "*Ich bezeuge Ihnen, dass Erzengel Michael stets an unserer Seite ist. Er will nur, dass wir ihn rufen - er greift nicht ein, wenn er nicht darum gebeten wird.*"

In manchen Situationen glaubt man, dass alles so hoffnungslos ist, dass nicht einmal die Erzengel noch etwas auszurichten vermögen. Nun, genau dann muss man Hilferufe aussenden und sich daran erinnern, dass es immer irgendwo ein kleines Teufelchen gibt, das uns ins Ohr flüstert und uns einreden will, dass uns die Erzengel nicht helfen können. Oder vielleicht sprechen Sie die Hilferufe erst später, wenn Sie das Projekt schon beendet haben ...

Übergeben Sie die Situation dem Willen Gottes. Manchmal werden Menschen vor dem Tod gerettet, manchmal nicht. Wir sind nicht Gott, und wir sollten auch nicht Gott spielen. Wir halten das Schicksal der Menschen und Nationen nicht in der Hand. Wir behaupten nicht, dass wir den Verlauf des Karmas der Menschen kennen oder wissen, was Gott mit ihnen vorhat. Doch eines ist klar: Unser Ruf wird die Antwort herbeiführen, die Antwort Gottes für die betreffende Person, und den höchsten Anteil an Gnade, den das göttliche Gesetz jener Person und jener Situation zuspricht.

"Ruft uns einfach. Wenn ihr uns nicht ruft, können wir euch nicht helfen - das ist sicher." Doch wer den Glauben wie "ein kleines Senfkorn Hoffnung" in sich trägt, für den wird das große Gesetz so sorgen, dass alles für den Einzelnen oder die Vielen getan werden kann, die gerade in

Schwierigkeiten stecken. Mehr als das können wir nicht erwarten, denn Gott bricht seine Gesetze nicht. Er bricht auch nicht das Gesetz des Karmas - das in unserer Zeit jedoch aufgehoben ist. Manchmal, wenn uns aber auch heute noch ein kleiner Schmerz drückt, eine kleine Verletzung, wird unser Herz weicher, wir werden viel ergebener, wir lernen tiefe Lektionen über das Leben, wir werden dankbarer und vielleicht auch weniger hochmütig. Gott schult uns also auf vielfältige Weise. Und wir sollten daher für jeden Schmerz dankbar sein.

Der Erzengel weist uns Engel zu

Erzengel Michael hat uns zu unserer persönlichen Unterstützung Mitglieder aus seinen Engelscharen zugeteilt. Die Erzengel werden uns in der Tat Engel zuweisen, als wären sie unser persönlicher Mitarbeiterstab. Wir können unseren Engeln den Auftrag geben, Besorgungen zu erledigen, Besprechungen erfolgreich vorzubereiten oder die Lösung für unmöglich erscheinende Probleme auszuarbeiten. Wir können sie auch mit Sonderprojekten im Bereich unserer Familie, unseres Berufs oder unserer Kirche beauftragen. Wir können sie darum bitten, unsere Kinder zu betreuen, wenn sie ihre Hausaufgaben machen, ihnen bei Lernschwierigkeiten zu helfen und uns dabei zu unterstützen, gute Beziehungen zu den richtigen Menschen zu knüpfen. Wir können sie ebenfalls darum bitten, weltliche, aber auch spirituelle Dinge für uns zu übernehmen.

Mir schrieb einmal eine Frau einen Brief, in dem sie erzählt, wie Erzengel Michael ihr geholfen hat. Sie hatte im Winter ihre Eltern in New England besucht. Es hatte geschneit, und der Lastwagen, den ihr Vater gemietet hatte, war in der Einfahrt stecken geblieben. Er versuchte, ihn von der Stelle zu bewegen - doch keine Chance. Dann schob er ihn an, und die junge Frau saß am Steuer. Anschließend schoben sie beide, doch immer noch tat sich nichts. Je stärker sie schoben, desto tiefer steckte der Lkw fest.

Nach etwa einer halben Stunde überredete die Tochter ihren Vater, wieder in den Lkw zu steigen und ihn nochmals zu starten, während sie selbst schob. Dann schickte sie einen inbrünstigen Hilferuf an Erzengel Michael, er solle seine elektronische Gegenwart über sie legen und den Lkw schieben:

"Erzengel Michael, schiebe den Lkw!" (So spricht man einen Auftrag an einen Engel, denn die Engel erwarten von uns, dass wir mit der Autorität unserer eigenen Christusschaft sprechen.) - In weniger als einer Minute war der Lkw aus dem Schlagloch und wieder auf der Straße.

Der Vater war perplex. Wie hatte seine schwache Tochter den Lastwagen nur mit eigener Kraft bewegen können? Sie erklärte ihm, dass es gar nicht sie selbst gewesen war - sondern Erzengel Michael.

Erzengel Michael hat kürzlich versprochen, dass er jedem Einzelnen von uns, wenn wir ihm täglich 20 Minuten lang Dekrete und Lieder widmen, bis zur Stunde unseres Sieges einen Engel zur Seite stellen wird. 20 Minuten am Tag Dekrete sprechen - das ist wirklich nicht so schwer, besonders, wenn man sie beispielsweise beim Autofahren spricht.

Der nächtliche Jäger wird gestellt

Ich möchte Ihnen nun die Geschichte erzählen, wie ein wachsamer Dekretesprecher eine heikle Situation ins Positive wenden konnte, indem er Erzengel Michael um seine Kraft anrief. Vielleicht erinnern Sie sich daran, dass im Jahr 1985 ein Killer namens "Night Stalker" ("Nachtjäger") 14 Morde und 20 Vergewaltigungen und Überfälle in Los Angeles und San Franzisco begangen hat. Er drang nachts durch nicht richtig verriegelte Türen und Fenster in die Wohnungen seiner Opfer ein.

Am 31. August stand die besagte Anhängerin von Erzengel Michael, die mir diese Geschichte selbst erzählt hat, um 5 Uhr morgens auf. Ein sonderbares Gefühl überkam sie, und sie spürte in ihrem Herzen die tiefe Gewissheit, dass in dieser Nacht der "Night Stalker" gefasst werden müsse. Sie begann damit, den Rosenkranz des Erzengels Michael zu beten. Sie wiederholte ihn jede Stunde und widmete ihn einem einzigen Zweck: der Festnahme des "Night Stalkers".

An eben jenem Tag wurde Richard Ramirez, der Verdächtige, in einem Stadtviertel im Osten von Los Angeles gefasst, als Bewohner in der Nachbarschaft ihn dabei beobachteten, wie er versuchte, ein Auto zu stehlen. Sie überwältigten ihn und hielten ihn in Schach, bis die Polizei eintraf. Die Polizei stellte fest, dass Ramirez' Fingerabdrücke mit denen übereinstimmten, die sie in einem gestohlenen Wagen sichergestellt hatten, von dem bekannt war, dass er vom "Night Stalker" benutzt worden war.

Sie mögen bezweifeln, dass dies durch die Handlung einer einzigen Frau geschehen ist, die beschlossen hatte, Wache zu halten, weil Erzengel Michael ihr gesagt hatte, dass dies der Moment sei, in dem dieser Mensch gefasst werden konnte. Doch es heißt: "An Wunder muss man glauben." Sie selbst können zum Glaubenden werden, wenn Sie beginnen, die vielen Wunder zu erkennen, die Erzengel Michael sowohl für Sie als auch durch Sie mit Ihren Gebeten für andere bewirkt. Es braucht nur eine einzige, fest entschlossene Person, um eine Sache, die sehr düster, unheilvoll, ständig präsent und in allen Zeitungsartikeln ist und deretwegen alle Menschen beten, ins Positive zu wenden. Das, was die Handlung dieser Person von denen ihrer

Mitmenschen unterschied, war, dass sie ihre Bitten konzentriert auf Erzengel Michael richtete, in ihrem Herzen beschloss, dass dies der entscheidende Tag war, und dass sie ihre Gebetswache nicht abbrechen würde, bis das, von dem sie so sehr wünschte, dass es sich erfüllen möge, auch tatsächlich in Erfüllung ging.

Wenn Sie glauben, dass Sie vor einem Problem stehen, das sich schlichtweg nicht lösen lässt, rate ich Ihnen, zu Erzengel Michael zu gehen und ihn zu prüfen. "Prüfet mich nun hierin, sprach der Herr. Prüfet mich."

Soldaten werden durch die Hilfe von Engeln gerettet

Hier ein weiterer erstaunlicher Bericht über die Kraft von Erzengel Michael. Haben Sie jemals die Geschichte der Alliierten im Ersten Weltkrieg gehört, die behaupteten, sie seien durch die Hilfe von Engeln gerettet worden?

Laut Augenzeugenberichten sind zwischen dem 26. und 28. August 1914 bei der Schlacht von Mons in Belgien Engel erschienen. Die Briten und Franzosen zogen sich Richtung Paris zurück, als sie von einer deutschen Kavallerieeinheit angegriffen wurden. Die Briten rechneten mit Toten. Doch zu ihrem Erstaunen sahen sie eine Truppe von Engeln zwischen ihren eigenen Truppen und den anstürmenden deutschen Soldaten stehen.

Ein britischer Offizier berichtete später, dass seine Männer 20 Minuten lang von einer "Phantomkavallerie" eskortiert wurden. Einige der französischen Soldaten berichteten, dass sie den heiligen Erzengel Michael in goldener Rüstung auf einem weißen Pferd reiten und ein Schwert schwenken sahen. Einige der britischen Soldaten dachten, es sei der heilige Georg. Sie sagten, sie hätten einen "großen Mann mit gelbem Haar in goldener Rüstung auf einem weißen Pferd" gesehen, "der sein Schwert hoch erhoben hatte und lauthals 'Sieg!' rief."

Ein anderer Soldat sagte, er hätte während des Rückzugs "einen Engel mit ausgestreckten Flügeln, wie eine Lichtwolke" gesehen. In diesem Augenblick, sagte er, traten die Deutschen den Rückzug an.

Einige deutsche Soldaten berichteten, dass sie auf den Angriff verzichtet hatten, da sie Tausende von Truppen erblickt hatten. Sie sagten, dass ihre Männer "absolut nicht in der Lage waren, vorwärts zu marschieren". Ihre Pferde machten auf dem Absatz kehrt und flohen, nichts konnte sie halten. In Wirklichkeit standen dort keine Tausende von Alliiertentruppen - nur eine kleine Soldateneinheit. Doch dank der Verstärkung durch die Engel konnten die Alliierten ihren Rückzug von Mons erfolgreich durchführen.

Vereint euch mit den Legionen von Erzengel Michael

Ganz gleich, wie groß ein Problem in Ihrem Privatleben oder auch auf nationaler Ebene zu sein scheint - wenden Sie sich stets an Erzengel Michael. Erzengel Michael sagt, dass man seine Engel nicht nur anrufen kann, mit der Bitte einzugreifen, sondern dass man sie darüber hinaus auch freiwillig jede Nacht drei Stunden lang bei ihrem Dienst auf Erden unterstützen kann.

Rufen Sie, wenn Sie sich nachts ins Bett legen, Erzengel Michael an, und bitten Sie ihn zu kommen, Sie mitzunehmen und Ihnen die Rüstung der Engel anzulegen. Fragen Sie außerdem, ob Sie seinen Legionen beitreten und von ihnen lernen dürfen, wie man zum Schutz der Seelen des Lichts in die Schlacht zieht.

Erzengel Michael lädt Sie auch ein, mit zu seinen Beratungen in seinem Rückzugsort in Banff zu kommen und mitzubestimmen, wo er seine Legionen hinschicken soll. Er sagt, wir können ihn darum bitten, uns in unseren feineren Energiekörpern zu diesem Rückzugsort mitzunehmen. Seine

Engel werden unsere Seele mit ihrer ungeheuren Energie und ihrem Licht neu aufladen.

Da die Engel von Erzengel Michael niemals ohne Lichtrüstung und dem vollen Schutz des göttlichen Gesetzes in eine Schlacht ziehen, trägt uns Erzengel Michael auf, es ebenso zu tun: die gesamte Kraft aufzubringen, die volle Rüstung Gottes anzulegen. Er diktierte diese Anweisung dem Apostel Paulus. Erinnern Sie sich? Der Apostel Paulus schrieb es in seinem Brief an die Epheser. Erzengel Michael teilte dem Apostel Paulus Folgendes mit: "Ziehet an den Harnisch Gottes." Damit ist Ihre Lichtsäule gemeint. "Ziehet an den Harnisch Gottes, dass ihr bestehen könnet gegen die listigen Anläufe des Teufels ... So stehet nun, umgürtet an euren Lenden mit Wahrheit." An diesem Befehl lesen wir ab, dass Gerechtigkeit, Ehre und die Tugenden Gottes unser wahrer Schutz sind. "... angezogen mit dem Panzer der Gerechtigkeit und an den Beinen gestiefelt, als fertig, zu treiben das Evangelium des Friedens. Vor allen Dingen aber ergreifet den Schild des Glaubens, mit welchem ihr auslöschen könnt alle feurigen Pfeile des Bösewichtes; und nehmet den

Helm des Heils und das Schwert des Geistes, welches ist das Wort Gottes."

Erzengel Michaels Erkennungsmelodie ist "Die Hymne der Marine", "Eternal Father, Strong to Save" ("Ewiger Vater, starker Retter"). Ich möchte Ihnen ferner gerne mitteilen, dass der musikalische Grundton des jeweiligen Meisters das Zeichen für seine Identität ist. Das musikalische Motto für Erzengel Michaels Rückzugsort ist "The Soldier's Chorus" ("Der Soldatenchor") aus der Oper "Faust" von Charles Gounod.

Dekrete für Herz, Kopf und Hand

Wir wollen nun diesen “Harnisch Gottes” anziehen, indem wir unsere Lichtsäule herbeirufen. Während wir uns darauf vorbereiten, rufen wir die violette Flamme an, auf dass sie unser Bewusstsein von allem reinigen solle, was nicht der Schwingung der Violetten Flamme entspricht.

Herz

Violettes Feuer, oh du göttliche Liebe,
lodere in meinem Herzen!
Du bist Gnade, für immer wahr,
halte mich stets in Einklang mit dir.

Kopf

ICH BIN Licht, du Christus in mir,
befreie meinen Geist für immer.
Violettes Feuer, leuchte stets
tief in diesem meinem Geist.

Gott, der du mir schenkst mein täglich Brot,
erfülle meinen Kopf mit violettem Feuer,
bis deine himmlische Ausstrahlung
aus meinem Geist einen Geist des Lichts macht.

Hand

ICH BIN die Hand Gottes in Aktion,
die jeden Tag den Sieg davonträgt.
Die höchste Freude meiner reinen Seele
ist es, den goldenen Mittelweg zu gehen.

Säule des Lichts

Oh, geliebte göttliche ICH BIN - Gegenwart,
umhülle mich mit deiner Säule aus Licht, das
stammt von Aufgestiegener Meister Flammen,
die ich anflehe in Gottes Namen.
Möge es meinen Tempel befreien
von allem, das versucht, uns zu entzweien.

ICH rufe hervor die violette Flamme,
alle Sehnsüchte zu erhellen und zu verwandeln.

Sie möge brennen in Freiheits Namen,
bis ICH BIN eins mit der violetten Flamme.

Vergebung

ICH BIN die hier wirkende Vergebung,
die alle Zweifel und Furcht überwindet,
und die Menschen immerwährend
durch ihre Flügel des kosmischen Sieges befreit.
ICH BIN der Ruf in voller Kraft,
der stündlich nach Vergebung strebt.
Ich verströme meine verzeihende Gnade
an alle Lebewesen an jedem Ort.

Dies sind wunderbare Gebetssprüche, die man täglich rezitieren kann.

Als Nächstes folgt ein Dekret zur Stärkung. Beachten Sie hier, dass jedes dieser Gebete sich auf ein anderes Chakra konzentriert und daher jedes unter der Schirmherrschaft eines anderen Erzengels steht.

Versorgung

ICH BIN frei von Angst und Zweifel,
verbanne Wunsch und Not,
denn ich weiß, dass alle guten Gaben
stets aus den höchsten Reichen kommen
werden.

ICH BIN die Hand
von Gottes eig'ner Quelle,
die die Schätze des Lichts ausströmen lässt.
Nun empfange ich die ganze Fülle,
um jede Not im Leben aufzuheben.

Verklärung

ICH BIN beim Wechseln all meiner Kleider,
leg' Altes ab, für den strahlend neuen Tag.
Mit der Sonne des Verstehens,
BIN ICH erleuchtet ganz und gar.

ICH BIN Licht, innen wie außen.
ICH BIN alles, das Licht ist.
Erfülle mich, befreie mich, preise mich!

Versiegle mich, heile mich, reinige mich!
Bis sie sagen, dass ich verwandelt bin:
Ich scheine wie der Sohn,
Ich scheine wie die Sonne!

Wiederauferstehung

ICH BIN die Flamme der Wiederauferstehung,
die Gottes reines Licht durch mich schickt.
Jetzt hebe ich jedes Atom in seiner Energie an
und bin befreit von allen Schatten.

ICH BIN das Licht von Gottes voller
Gegenwart.
Ich verbringe mein Leben für immer in
Freiheit.
Jetzt erhebt sich die Flamme des ewigen
Lebens auf zum Sieg.

Der Aufstieg

ICH BIN das Licht des Aufstiegs,
der Sieg, der frei fließt.
Das Gute trug am Ende davon den Sieg
auf ewig.

ICH BIN das Licht, alle Last ist gewichen.
Ich erhebe mich in die Luft.
Mit ganzer Gotteskraft vergieße ich
mein wundersames Lied des Lobpreises.

Oh Jubel! ICH BIN der lebendige Christus,
der ewig Liebende.
Aufgestiegen mit ganzer Gotteskraft
bin ich nun eine strahlende Sonne!

Zum Abschluss besiegeln wir diese Dekrete folgendermaßen:

"In vollem Glauben akzeptiere ich, dass dies manifest, manifest, manifest wird - gleich hier und jetzt mit voller Kraft, auf ewig

aufrecht erhalten, allmächtig aktiv, auf dass es sich immer weiter ausdehne und die Welt umfasse, bis alle ins Licht aufgestiegen und frei sind!
Geliebte ICH BIN-Gegenwart! Geliebte ICH BIN-Gegenwart! Geliebte ICH BIN-Gegenwart!"

Die sieben Erzengel haben Mark Prophet und mir insgesamt über 300 Durchsagen diktiert. Diese Botschaften sind für gewöhnlich zum Schutz bestimmt. Erzengel Michael sagt, dass er uns als Antwort auf unseren Ruf seinen Harnisch und sein Schild geben wird. Wenn wir täglich daran arbeiten, unsere Schwächen abzubauen, wird diese Rüstung gestärkt werden.

Erzengel Michaels blaues Lichtschwert

Ein weiteres spirituelles Hilfsmittel, das man zum Schutz verwenden kann, ist Erzengel Michaels blaues Lichtschwert, das wir anrufen können. Ich werde Ihnen darüber kurz berichten.

Die Lehre stammt von Helen Blavatsky, die um das Jahr 1875 die Theosophie ins Leben rief. Sie sagte, dass sich die Dämonen "vor Schwertern, Messern oder allem, was scharf ist" fürchten. Daher hat Erzengel Michael auf der Grundlage dieses bereits seit langem bekannten Prinzips ein Schwert aus Stahl entworfen. Er wünschte, dass sein Name darauf stünde, weshalb ich die Worte "Erzengel Michael" darauf eingravierte. Ein solches Schwert hat allerdings keine scharfe Klinge. Er hat ferner versprochen, dass er seine Hand und sein Schwert über das unsere legen wird, sobald wir es in der physischen Welt erheben.

Der physische Körper ist unser dichtester Teil. Wir besitzen eine Aura und einen "Körper der Sehnsüchte", der sich manchmal, wenn unsere Wünsche groß sind, ausdehnt - wie auch der Mentalkörper. Dann haben wir noch den "Körper der

Erinnerung". Diese vier niederen Körper sind eng miteinander verbunden und bilden unser Wesen - das Gefährt, in dem wir uns als Seele bewegen können. So versuchen die Mächte der Dunkelheit, über die Wirbelsäule, das Gehirn und das zentrale Nervensystem in uns einzudringen.

Zum Schutz hiervor können Sie jede der Anrufungen, die oben zitiert wurden, sprechen, wie etwa den Schutz für Reisende. Sie können es auch mit einem Schwert untermalen. Sie können sagen:

Erzengel Michael vor mir!
Erzengel Michael hinter mir!
Erzengel Michael zu meiner Rechten!
Erzengel Michael zu meiner Linken!
Erzengel Michael über mir!
Erzengel Michael unter mir!
Erzengel Michael, Erzengel Michael,
wo auch immer ich geh'!

ICH BIN im Schutz seiner Liebe hier!
ICH BIN im Schutz seiner Liebe hier!
ICH BIN im Schutz seiner Liebe hier!

Mit dieser überaus wirksamen Anrufung befreien Sie sich von Dingen, die sich an Sie anheften und eine niedrigere Schwingung haben, die also nicht die Schwingung Gottes und nicht die seiner Engel ist.

Schutz durch die blaue Flamme und das blaue Kreuz

Eine der besten Möglichkeiten, dieses Schwert zu benutzen, besteht darin, das Dekret "Schutz durch die blaue Flamme und das blaue Kreuz" zu sprechen. Es besteht aus drei Eröffnungsabschnitten, die beschreiben, was passieren soll.

Sie lauten folgendermaßen:

"Geliebte mächtige ICH BIN-Gegenwart, im Namen der Gerechtigkeit und der Barmherzigkeit Gottes"

(Wenn wir das sprechen, schlagen wir das Zeichen des Kreuzes. Wir können hier unser Schwert benutzen, um das Zeichen des Kreuzes zu machen).

Dieses Mantra wird neunmal gesprochen, siebenmal davon schlagen wir das Kreuz. Wir schlagen das Kreuz vor uns, wir schlagen es hinter uns. Sie können es einmal oder dreimal sprechen und das Zeichen des Kreuzes schlagen. Sie können es zur Linken oder zur Rechten schlagen. Stellen Sie sich dabei ein blaues, flammendes Lichtschwert vor, das als Schutz für Sie dort bleibt. Visualisieren Sie das Kreuz zu Ihren Füßen, unter Ihnen, über Ihnen und schließlich in Ihrer Mitte. Dies ist eine weitere Möglichkeit, das Schwert zum Schutz zu benutzen.

Das Versprechen, das Erzengel Michael gegeben hat, lautet, dass er, wenn wir sein Schwert benutzen, sein blaues Flammenschwert darüber legen wird, ein spirituelles Schwert. Er wird seine Hand auf unsere Hand legen und uns dabei helfen, uns und unsere Lieben von allen möglichen Lasten frei zu schlagen. Sie können das Foto eines geliebten Menschen nehmen und die Übung um diese Person herum durchführen. Sie können dieses Schwert jeden Tag benutzen und es sich geistig überall dort vorstellen, wo Sie gerade sind, und Sie können Gott anrufen und bitten, dass er Sie immer beschützen möge.

Daher möchte ich Sie einladen, dieses Dekret nun mit mir zu sprechen. Vergessen Sie nicht, dass Sie es stets mit Ihrem Schwert zusammen benutzen können. Tun Sie dies aber lieber, wenn Sie allein sind und genügend Bewegungsfreiraum zur Verfügung haben, wo Sie gerade sind, so dass Sie mit Ihrem Schwert nie irgendjemanden berühren oder verletzen.

"Geliebte, mächtige, siegreiche ICH BIN-Gegenwart Gottes in mir, du unsterbliche, dich selbst nährende Flamme der Christusliebe in meinem Herzen, Heiliges Christus-Selbst eines jeden Lichtträgers der Welt, geliebter großer göttlicher Lenker, geliebter Saint Germain, geliebter Jesus Christus, geliebter Helios, geliebter Gott des Gehorsams, geliebter El Morya, geliebter Serapis Bey, geliebte Göttin der Freiheit, geliebter Lord Lanto, geliebter mächtiger Sieg, geliebte Cyclopeia, geliebter Lord Maitreya, geliebter Lanello, gesamter Geist der großen Weißen Bruderschaft und der Weltenmutter, elementares Leben - Feuer, Luft, Wasser und Erde! Im Namen und bei der Macht der Gegenwart Gottes, die ICH BIN, und bei der magnetischen Kraft des heiligen Feuers, das ich in mir hüte, rufe ich die mächtige Gegenwart

und Kraft des blauen Flammenschwertes der Aufgestiegenen Meister als unbesiegbaren Schild aus kosmischer Lichtsubstanz, das 24 Stunden am Tag wie eine mächtige Schutzsäule aus blauem Licht durch mein gesamtes Bewusstsein, mein Sein und die Welt wirkt.
Oh geliebte ICH BIN-Gegenwart im Herzen allen Lebens, während ich das folgende Dekret neunmal spreche und damit die kosmische Kraft des 'Drei mal Drei nutze', schlage ich das Zeichen des Kreuzes und visualisiere seine flammende Realität in Manifestation vor mir, hinter mir, zu meiner Linken, zu meiner Rechten, unter mir und über mir sowie mitten in mir und markiere damit den individualisierten Fokus der mächtigen ICH BIN-Gegenwart, die wie ein mächtiger Strom gleißender Lichtenergie herabfährt und geladen ist, um ihren heiligen Willen in dieser Welt der Materie auszuführen!"

Jedes Mal, wenn Sie dies rezitieren, können Sie mit der Hand das Zeichen des Kreuzes machen.

"Geliebte mächtige ICH BIN-Gegenwart,
im Namen der göttlichen Gerechtigkeit und Barmherzigkeit
im Namen Christi,
im Namen des Lichtes Gottes, das niemals versiegt,
spreche ich zu allen Nephilim, aller menschlichen Kreation,
aller Saat des Satans, allen satanischen Ritualen, aller schwarzen Magie und den Flüchen der Hölle:
Ihr habt keine Macht! Eure Zeit ist vorbei!
Möget ihr vom Körper der Erde für immer aufgelöst und verzehrt werden!
ICH BIN, ICH BIN, ICH BIN
bei allem Licht und all der Liebe Gottes,
ich weiß, ICH BIN der kosmische Sieg und die Kraft des Lichts überall und für immer!"
(Neunmal sprechen)

Was passiert, wenn man beim Dekretesprechen rhythmisch mitklatscht?

Oft klatschen wir den Rhythmus mit den Händen, wenn wir östliche Mantras sprechen. Beim Klatschen wird die Energie der Freude freigesetzt, die dort, wo wir gerade sind, sofort das zur Manifestation bringt, was wir anrufen: das himmlische Wesen, das wir anrufen. Rhythmisches Klatschen besitzt zudem eine stark befreiende Energie, man wird sich seines Körpers gewahr und es fühlt sich an, als würde man die Engel anfeuern. Das Dekret wird einfach aktiver, indem man im Rhythmus klatscht. Daher wollen wir nun rhythmisch klatschen, während wir das Dekret "Kraft der blauen Flamme aus dem Herzens Gottes" sprechen. Wir werden das im Anschluss an diesen Abschnitt dreimal tun.

Kraft der blauen Flamme aus dem Herzen Gottes

"Im Namen Christi, im Namen der mächtigen ICH BIN-Gegenwart, rufe ich den

gesamten Geist der Weißen Bruderschaft und die Weltenmutter an, eure kosmischen Ringe und blauen Lichtflammenschwerter um Tausende von Sonnen aus der großen Zentralsonne zu schließen und Megatonnen an kosmischem Licht, blauen Blitzstrahlen und violetten Flammen in, durch und um alles zu schicken, was in meinen vier niederen Körpern nicht aus Licht ist, sowie in, durch und um meinen Elektronengürtel, mein Herzchakra und all meine Chakren, mein gesamtes Bewusstsein, mein Sein und meine Welt!"
(Dreimal sprechen)

Sodann sprechen wir das Dekret:

Kraft der blauen Flamme aus dem Herzen Gottes:

Kraft der blauen Flamme aus dem
Herzen Gottes, lass' heute deinen
Glauben durch mich sich ausbreiten!

Kraft der blauen Flamme aus dem Herzen Gottes, durch den Blitzstrahl schneide mich frei!

Kraft der blauen Flamme aus dem Herzen Gottes, entzünde den Strahl der Perfektion zur Aktion!

Kraft der blauen Flamme aus dem Herzen Gottes, oh Flamme des guten Willens Gottes, regiere für immer!

Kraft der blauen Flamme aus dem Herzen Gottes, verbreite durch mich das Licht des Schutzes!

Kraft der blauen Flamme aus dem Herzen Gottes, ich fordere nun alle Kraft von Herkules!
Übernimm' nun das Regiment, vor deinem Licht verbeuge ich mich!

ICH BIN dein Diamantenlicht, oh brillianter Wille des blauen Lichts!

Ich danke dir für den Strahl, den du mir heute gesandt, erfülle mich durch und durch, bis nur noch du bist hier!

Ich lebe, bewege und existiere inmitten eines mächtigen, feurigen Fokus des sieghaften blauen Blitzes der göttlichen Liebe aus dem Herzen Gottes in der großen Zentralsonne und meiner geliebten ICH BIN-Gegenwart, von unserem allerliebsten El Morya, unserem geliebten Erzengel Michael und unseren geliebten, mächtigen Elohim Herkules und Amazonia, deren mächtige Lichtstrahlen meinen Körper umgeben und mich mit Gottes Allmacht, Allwissenheit und allgegenwärtiger Liebe bedenken! Und ich schreite weiter, sieghaft im Lichte Gottes, das niemals, niemals, niemals versagt!

Geliebte ICH BIN-Gegenwart! Geliebte ICH BIN-Gegenwart! Geliebte ICH BIN-Gegenwart!

Der Glaube und der Zweifel

"Von Beginn an werden wir siegen!" Das ist das Motto der Legionen des Lichts.

Wissen Sie, der Glaube ist ein sehr großes Geschenk - und dieses Geschenk macht uns Erzengel Michael. Viele Menschen leben im Zweifel, sie zweifeln an sich selbst, sie zweifeln an Gott, sie verspüren große Angst, und sie fürchten Gott. Daher ist der Glaube nicht aktiver Bestandteil ihres Lebens. - Aber wir müssen an etwas glauben. Menschen werden uns im Stich lassen, doch Gott wird uns nicht im Stich lassen, und auch die Engel werden uns nicht im Stich lassen. Wenn wir absolut an Gott glauben, an die Kraft seines gesprochenen Wortes durch uns, wird sich, während wir die Dekrete sprechen, das, worum wir bitten, manifestieren - außer a) das, worum wir im Dekret bitten, entspricht nicht dem Willen Gottes oder b) der Zeitpunkt ist nicht der richtige, sodass die Antwort auf unser Gebet nicht manifestiert werden kann. Auch Zweifel blockieren die physikalische Manifestation unserer Dekrete. Doch Michael hat gesagt, dass er uns, wenn wir ihm unsere Zweifel und Ängste übergeben, im Austausch sein ganzes Ausmaß an Glauben und seine Hingabe an den Willen Gottes schenken wird. Sprechen Sie:

> *"Hier, Erzengel Michael, nimm all diesen Zweifel und diese Angst. Ich habe lange genug damit gelebt. Ich nehme den Glauben an dich an. Du nimmst meinen Zweifel und meine Ängste. Das ist ein guter Tausch."*

Erzengel Michael gab auch Jeanne d'Arc die Kraft weiterzumachen, als schon alles verloren schien. Er flüsterte ihr ins Ohr: "Auf zum Angriff! Auf zum Angriff! Auf zum Angriff!"

Sie wiederholte den Befehl und reaktivierte damit die Kräfte Frankreichs, um für die Verteidigung der Freiheit zu kämpfen. Das Gleiche wird Erzengel Michael auch für Sie tun. Er sagt, wenn es so aussieht, als ob alles schief gehen wird, sollte man seine Legionen mit diesem Befehl rufen. "Auf zum Angriff! Auf zum Angriff! Auf zum Angriff! Lasst uns den Sieg verkünden!"

Wie wäre es, wenn Sie dieses Fiat[9] jetzt gleich sprechen würden?

"Auf zum Angriff! Auf zum Angriff!
Auf zum Angriff!
Und lasst uns den Sieg verkünden!"

(Elfmal wiederholen)

Bei dieser Anrufung benutzen wir die volle Kraft unseres Seins, um jeden Tag unseres Lebens nichts anderes als den Sieg zu empfangen.

Es gibt diese kleinen Bilder von Erzengel Michael, von der Nächstenliebe, von Gabriel, Raphael und Mutter Maria in Postkartengröße für die Brieftasche, die auf der Rückseite ein Mantra tragen - vielleicht besorgen Sie sich ein paar davon. Denn für den Fall, dass Sie die Mantras vergessen, können Sie sie augenblicklich aus Ihrer Brieftasche ziehen und sie sprechen.

---

[9] Ein Fiat ist ein kurzes Dekret, das mit Nachdruck wiederholt wird.

Ein Brief von einem Jungen namens Michael

Abschließend möchte ich Ihnen einen Brief zeigen - einen sehr kostbaren Brief, von dem ich denke, dass er Ihr Herz tief berühren wird.

Es ist ein Brief von einem Jungen namens Michael. Er schrieb ihn als junger Soldat an seine Mutter, während er im Krankenhaus lag, nachdem er 1950 auf einem koreanischen Schlachtfeld verwundet worden war.

Liebe Mama,
ich möchte diesen Brief an niemand anderen als an dich richten, denn niemand anders würde es glauben. Vielleicht wird es sogar für dich schwierig sein, doch ich muss es einfach jemandem mitteilen.
Zunächst einmal - ich liege im Krankenhaus. Aber reg' dich nicht auf, hörst du mich? Mach' dir keine Sorgen. Ich wurde verletzt, doch mir geht es gut, verstehst du? Okay. Der Doktor sagt, ich werde in etwa einem Monat wieder

auf den Beinen sein. Doch das ist es nicht, was ich dir mitteilen möchte.
Weißt du noch, als ich letztes Jahr frisch zur Marine kam? Weißt du noch, dass du mir zum Abschied sagtest, ich solle jeden Tag ein Gebet an den heiligen Michael richten? Das hättest du mir eigentlich gar nicht zu sagen brauchen. Solange ich denken kann, hast du mir immer gesagt, dass ich zu Sankt Michael, dem Erzengel, beten soll. Du hast mich sogar nach ihm benannt ... Nun, ich habe immer gebetet. Als ich nach Korea kam, betete ich sogar noch stärker. Erinnerst du dich noch an das Gebet, das du mir beigebracht hast? "Michael, Michael des neuen Morgens, der du als frisches Band den Himmel zierst ...?" Du weißt, wie es weitergeht. Nun, ich sprach es jeden Tag - manchmal beim Laufen, manchmal auch beim Ausruhen, doch jedes Mal, bevor ich mich schlafen legte. Ich brachte es sogar einigen meiner Kameraden bei. Dann, eines Tages war ich mit einem wichtigen Sonderauftrag in der Vorhut unterwegs. Wir spähten nach dem Feind, und ich stapfte schwerfällig durch die bittere Kälte. Mein Atem

war wie Zigarettenrauch. Ich dachte eigentlich, ich würde alle Jungs in der Patrouille kennen, doch da tauchte neben mir ein anderer Soldat auf, dem ich niemals zuvor begegnet war. Er war größer als jeder Soldat, den ich jemals gesehen hatte. Er muss zwei Meter groß gewesen sein und war entsprechend gebaut. Ich verspürte ein angenehmes Gefühl der Sicherheit in der Gegenwart eines solchen Mannes.

Nun, so trotteten wir entlang, und der Rest der Patrouille schwärmte aus. Einfach um ein Gespräch anzufangen, sagte ich: "Kalt, nicht wahr?" Dann lachte ich. Hier befand ich mich in einer Situation, in der ich jeden Moment Gefahr lief, getötet zu werden, und ich sprach über das Wetter. Aber mein Begleiter schien mich zu verstehen. Ich hörte, wie er leise lachte. Ich betrachtete ihn.

"Ich habe dich noch nie vorher gesehen. Ich dachte, ich kenne jeden im Team."

"Ich bin erst in letzter Minute dazugekommen", antwortete er. "Ich heiße Michael."

"Wirklich?", sagte ich überrascht. "So heiße ich auch."

“Ich weiß”, sagte er. Dann begann er zu singen: “Michael, Michael des neuen Morgens ... ”
Ich war so verblüfft, dass es mir eine Minute lang die Sprache verschlug. Woher kannte er meinen Namen und das Gebet, das du mir beigebracht hattest? Dann lächelte ich still vor mich hin. Jeder im Team kannte mich. Hatte ich dieses Gebet nicht jedem beigebracht, der es hören wollte? Schließlich nannten mich manche sogar ab und zu “Sankt Michael”.
Eine Zeit lang sprach keiner von uns ein Wort, dann brach er das Schweigen. “Wir werden bald Schwierigkeiten bekommen.” Er muss eine hervorragende körperliche Konstitution gehabt haben, denn er atmete so schwach, dass ich seinen Atem nicht sehen konnte, während mein Atem in großen Wolken aus mir heraus dampfte. Aber auf seinem Gesicht war nun kein Lächeln mehr. “Bald Schwierigkeiten - bald Schwierigkeiten”, dachte ich bei mir. “Nun, angesichts des Feindes, der von allen Seiten droht, ist das keine umwerfende Neuigkeit.”
Bald begann es in dicken Flocken zu schneien. Binnen kürzester Zeit war die gesamte Landschaft

eingehüllt, und ich stapfte in einem weißen Nebel feuchter, klebriger Partikel dahin. Mein Begleiter verschwand.
"Michael!", rief ich in plötzlicher Panik. Ich spürte seine Hand auf meinem Arm. Er hatte eine volle, starke Stimme. "Es wird bald aufhören."
Seine Prophezeiung erwies sich als korrekt. Nach wenigen Minuten stoppte der Schneefall so abrupt, wie er begonnen hatte, und die Sonne war wieder eine heiß glühende Scheibe. Ich drehte mich nach dem Rest der Patrouille um, doch es war niemand in Sicht. Wir hatten sie in diesem heftigen Schneesturm verloren.
Ich schaute nach vorn, als wir plötzlich über eine kleine Anhöhe kamen. Mama, mein Herz hörte auf zu schlagen! Dort standen sieben von ihnen - sieben Soldaten der feindlichen Truppen in ihren verzierten Hosen und Jacken und ihren komischen Mützen. Nur hatten sie selbst überhaupt nichts Komisches an sich. Sieben Gewehre waren auf uns gerichtet.
"Hinlegen, Michael!", schrie ich und warf mich auf die gefrorene Erde. Ich hörte, wie die Maschinengewehre feuerten, als wären sie eines.

Ich hörte die Kugeln einschlagen. Und: Michael stand noch aufrecht da. Mama - die Jungs können nicht danebengeschossen haben. Nicht bei dieser Entfernung. Ich erwartete, dass er sprichwörtlich in Stücke zerfetzt worden sei, doch er stand einfach da und machte keinerlei Anstalten, selbst zu schießen. Er war gelähmt vor Furcht. Das kommt manchmal vor, Mama, selbst bei den Tapfersten. Er war wie ein Vogel, der beim Anblick einer Schlange vor Schreck wie gelähmt ist. - Zumindest dachte ich das zu diesem Zeitpunkt.

Ich sprang auf, um ihn zu Boden zu ziehen - und da trafen sie mich. Ich spürte in meiner Brust plötzlich eine Stichflamme. Ich hatte mir vorher oft überlegt, wie es sich wohl anfühlt, wenn man von einem Schuss getroffen wird. Jetzt weiß ich es (verzeih' mir!). Ich kann mich daran erinnern, dass ich von starken Armen umfangen wurde, Arme, die mich ganz sanft auf ein Kissen aus Schnee legten. Ich öffnete meine Augen für einen letzten Blick. Es kann sein, dass ich schon fast tot war. Ich weiß noch, dass ich dachte: "Nun, so schlimm ist es gar nicht."

Vielleicht schaute ich in die Sonne. Vielleicht stand ich unter Schock, doch mir schien, als sähe ich Michael, wie er wieder aufrecht dastand – nur diesmal leuchtete sein Antlitz, sein Gesicht leuchtete in unbeschreiblichem Glanz. Wie ich schon sagte, vielleicht war es die Sonne in meinen Augen, doch er schien sich zu verwandeln, während ich ihn betrachtete. Er wurde immer größer. Seine Arme streckten sich weit zur Seite. Vielleicht war es der Schneefall, der erneut einsetzte, doch um ihn herum war eine strahlende Helligkeit, wie die Flügel eines Engels, und in seiner Hand lag ein Schwert, ein Schwert, das von Millionen von Sternen funkelte!

Nun, das ist das Letzte, woran ich mich erinnern kann, bis der Rest meiner Truppe auftauchte und mich fand. Ich weiß nicht, wie viel Zeit vergangen war, doch ab und an hatte ich einen Moment Pause vom Schmerz und dem Fieber. Ich erinnere mich, dass ich ihnen von den Feinden vor uns erzählt habe.

“Wo ist Michael?”, fragte ich. Ich sah, wie sie sich gegenseitig anschauten.

“Wo ist wer?”, fragte einer.

"Michael. Michael, der große Soldat, mit dem ich unterwegs war, kurz bevor die Schneeböe uns überraschte", rief ich aus.
"Junge", sagte der Sergeant, "du bist mit niemandem unterwegs gewesen. Ich hatte dich die ganze Zeit über im Blick. Du bist zu weit abgekommen. Ich wollte dich gerade rufen, als du im Schnee verschwunden bist."
Er schaute mich neugierig an. "Wie hast du das bloß gemacht, Junge?"
"Wie habe ich was gemacht?", fragte ich, leicht ärgerlich, trotz meiner Verletzung.
"Dieser Marine namens Michael und ich hatten gerade ..."
"Mein Sohn", sagte der Sergeant freundschaftlich, "ich habe diese Truppe persönlich zusammengestellt - und da gibt es keinen anderen Michael. Du bist der einzige Michael hier."
Er schwieg einen Moment lang. "Sag' mir nur eines - wie hast du das bloß gemacht, Junge? Wir hörten Schüsse. Aus deinem Gewehr ist kein einziger Schuss abgegeben worden, und in den sieben Leichen drüben am Hügel steckt kein einziges Stück Blei."

Ich sagte nichts. Was sollte ich auch sagen? Ich konnte nur mit geöffnetem Mund erstaunt dreinblicken.
Da ergriff der Sergeant erneut das Wort. "Junge", sagte er sanft. "Jeder von den sieben Männern drüben auf dem Hügel wurde durch einen Schwerthieb getötet."
Das ist alles, Mama, was ich dir berichten kann. Wie schon gesagt, vielleicht war es die Sonne in meinen Augen. Vielleicht war es die Kälte oder der Schmerz - aber so war es ...

In Liebe
Dein Michael

Bildliche Darstellung des göttlichen Selbst

In der Abbildung* sind drei Körper abgebildet, die wir als den höheren, mittleren und unteren Körper bezeichnen. Der oberste Körper ist die ICH BIN-Gegenwart, das ICH BIN DER ICH BIN, die Individualisierung der Gegenwart Gottes, für jeden Sohn und jede Tochter des Höchsten. Das göttliche Selbst besteht aus der ICH BIN-Gegenwart, die von Lichtkreisen (Farbringen) umgeben ist, die den Kausalkörper bilden.

Das ist der Körper der "Ersten Ursache", der in seinem Innern die "Schätze des Menschen, die er im Himmel angesammelt hat" birgt - Worte und Werke, tugendhafte Gedanken und Gefühle, Schöpfung und Licht sowie reine Liebesenergie. Diese haben als Folge der ernsthaften Ausübung des freien Willens und der Harmonisierung des Lebensstroms ergeben, der aus dem Herzen der göttlichen Gegenwart emporsteigt und auf die Ebene des Christuswesens herabströmt, um von dort aus die inkarnierte Seele zu motivieren und zu beleben.

---

* Siehe Abbildung 7: Das göttliche Selbst, Seite 37

Die mittlere Gestalt in der Abbildung ist der Mittler zwischen Gott und Mensch, auch "Heiliges Christusselbst", "Wahres Selbst" oder "Christusbewusstsein" genannt. Dies wird auch als "Höherer Mentalkörper" oder "Höheres Bewusstsein" bezeichnet.

Dieser innere Lehrer beschützt unser niederes Selbst, das aus der Seele besteht, die sich durch die vier Ebenen der Materie weiterentwickelt und dabei die vier niederen Körper (den ätherischen Körper oder Körper der Erinnerung, den Mentalkörper, den Emotionalkörper oder "Körper der Sehnsüchte" und den physischen Körper) als Gefährt benutzt, um unser Karma auszugleichen und den göttlichen Plan zu erfüllen.

Die drei Gestalten auf der Abbildung entsprechen der Dreieinigkeit von Vater - der immer auch den Mutteraspekt mit einschließt (die oberste Gestalt) - Sohn (Mitte) und Heiligem Geist (unten). Der Körper dient als Tempel des Heiligen Geistes, dessen Feuer durch die violette Flamme dargestellt ist, die ihn umgibt. Die unterste Gestalt stellt uns als Schüler auf dem großen Weg dar.

Unsere Seele ist der Aspekt unseres Seins, der zunächst nicht unsterblich ist, durch das Ritual des Aufstiegs jedoch unsterblich wird. Der Aufstieg der Seele ist der Prozess, bei dem sich die Seele, nachdem sie ihr Karma ausgeglichen und ihren göttlichen Plan erfüllt hat, zunächst mit dem Christusbewusstsein und dann mit der lebendigen Gegenwart des ICH BIN DER ICH BIN vereint. Hat dieser Aufstieg der Seele erst einmal stattgefunden, verwandelt sich die Seele, der sterbliche Teil unseres Seins, in das Unzerstörbare, in ein unsterbliches Atom des Körpers Gottes. Die Darstellung des göttlichen Selbst ist folglich ein Abbild unseres Seins selbst: Vergangenheit, Gegenwart und Zukunft.

Die untere Gestalt stellt den Menschensohn oder Sohn des Lichts dar, der sich unter seinem individuellen "Baum des Lebens" entwickelt. So sollten Sie sich dies geistig vorstellen: von den Füßen an in der violetten Flamme, die Sie täglich im Namen Ihrer ICH BIN-Gegenwart und Ihres heiligen Christusselbst anrufen, damit diese Ihre vier niederen Körper zur Vorbereitung auf das Ritual der alchemistischen Hochzeit reinigen: die

Vereinigung Ihrer Seele mit Ihrem Geliebten - dem heiligen Christusselbst.

Die untere Gestalt ist von einer Lichtsäule umgeben, die als Antwort auf unseren Ruf vom Herzen der ICH BIN-Gegenwart entsteht. Es ist ein Zylinder aus weißem Licht, der 24 Stunden am Tag ein schützendes Kraftfeld aufrechterhält, solange wir es in Harmonie bewahren. Wir rufen es auch täglich mit dem "Dekret für Herz, Kopf und Hand" an und können es, wenn nötig, verstärken.

Die dreifaltige Flamme des Lebens ist der göttliche Funke, der als Geschenk des Lebens, des Bewusstseins und des freien Willens von der ICH BIN-Gegenwart herabgesandt wird. Sie ist in der Geheimkammer unseres Herzens versiegelt, durch die - mit Hilfe der Liebe, der Weisheit und der Kraft des Göttlichen, die dort verankert sind - die Seele ihren Lebenssinn auf der physischen Ebene erfüllen kann. Auch die Anrufung der Christusflamme und der Flamme der Freiheit, oder Lilienblüte, ist der Funke des Göttlichen im Menschen, sein Potenzial, seine Christusschaft zu erreichen. Die Silber- oder Kristallschnur ist der Lebensstrom, der vom Herzen der ICH BIN-Gegenwart zum heiligen Christusselbst herabströmt, um die Seele und ihre Gefährte, die ihrem Ausdruck in Zeit und Raum dienen, über die Chakren zu nähren und zu erhalten. Durch diese "Nabelschnur" fließt die Energie der göttlichen Gegenwart ein, strömt über die Wirbel in den Körper des Menschen und gibt der dreifaltigen Flamme ebenso wie dem physischen Herzen den Anstoß zur Entfaltung.

Wenn sich ein Inkarnationszyklus der Seele auf der materiellen Ebene schließt, zieht die ICH BIN-Gegenwart die Silberschnur ein, mit der die dreifaltige Flamme auf der Christusebene verbunden ist und hebt die Seele, die mit ihrem ätherischen Gewand bekleidet ist, auf eine höhere Ebene ihrer Entwicklung, wo sie jeweils zwischen zwei Inkarnationen unterwiesen wird, bis das große Gesetz endlich beschließt, dass sie nicht mehr zurückkommen muss, um weiterzugehen.

Die Taube des Heiligen Geistes, die vom Herzen des Herrn herabfliegt, sitzt als Zeichen genau in der Mitte des Hauptes Christi. Wenn der Menschensohn wiederkehrt und sich in das Christusbewusstsein verwandelt, wie Jesus damals, vereint er sich mit dem heiligen Christusselbst.

Der Heilige Geist ist über ihm und sagt ihm die Worte des Vaters, der geliebten ICH BIN-Gegenwart:

"Dies ist mein lieber Sohn, an welchem ich Wohlgefallen habe."

(Matthäus 3,17)

Abbildungen

Abb. 1: Das Kehlchakra 13

Abb. 2: Dreifache Flamme 21

Abb. 3: Jakob ringt mit dem Engel
Illustriert von Gustave Doré 27

Abb. 4: Der Engel
Illustriert von Gustave Doré 28

Abb. 5: Der Baum des Lebens der Kabbala 31

Abb. 6: Daniel liest die Inschriften an der Wand
Illustriert von Gustave Doré 35

Abb. 7: Darstellung des göttlichen Selbst 37

Abb. 8: Der himmlische Führer
Illustriert von Gustave Doré 39

Abb. 9: Die Chakren im menschlichen Körper 79

176 Seiten, broschiert
€ [D] 7,95 / sFr 14,70
ISBN 3-89845-126-7

Elizabeth Claire Prophet

Seelenpartner & Zwillingsseelen

Die spirituelle Dimension der Liebe und unserer Beziehungen

Die Suche nach der wahren Liebe und nach dem perfekten Partner ist wohl das am meisten behandelte Thema der Weltgeschichte überhaupt. „Seelenpartner und Zwillingsseelen" enthüllt mit Wärme und Weisheit die spirituelle Dimension von Beziehungen und zeigt neue Wege auf, um zu Ganzheit und wahrer Liebe zu finden. Sie lernen viel Wissenswertes über Seelenpartner, Duale und karmische Partner, und man beginnt zu verstehen, weshalb man gerade bestimmte Liebschaften in sein Leben zieht – sogar, warum selbst die schwierigste Beziehung geradezu ein Sprungbrett zur perfekten Liebe sein kann.

272 Seiten, broschiert
€ [D] 8,95 / sFr 16,50
ISBN 3-89845-107-0

Elizabeth C. Prophet / P. R. Spadaro

Chakren – Deine 7 Energiezentren

Dieses Buch vermittelt – basierend auf der Lehre vom feinstofflichen Energiesystem unseres Körpers – kraftvolle Einsichten und Werkzeuge, um wieder heil und ganz zu werden. Quelle dieses Wissens sind verschiedenste spirituelle Traditionen, die uns anleiten, wie wir unsere Seele über die sieben Schritte des persönlichen Wachstums voranbringen können. Dieses Werk beinhaltet darüber hinaus ganzheitliche Techniken zur Wiederherstellung der energetischen Balance unseres Körpers – angefangen bei Homöopathie über Vitamine und Heilbäder bis hin zur Arbeit mit Meditationen, Affirmationen und Visualisierungen.

128 Seiten, broschiert,
€ [D] 5,95 / sFr 11,10
ISBN 3-89845-049-X

Elizabeth Clare Prophet

Die Violette Flamme

Heilung für Körper, Geist & Seele

Die Violette Flamme ist ein Licht, das allen Lebensformen dient und ihnen Achtung und Würde verleiht. Sie ist ein Mittel, sich untereinander zu verbinden und eine Form spiritueller Energie. Sie ist das Attribut des geheimnisvollen Grafen St. Germain, dessen Botschaften E. C. Prophet unter anderem channelt. Heiler und Alchemisten in aller Welt nutzen diese hochfrequente Energie, um Harmonie und Frieden in diese Zeit des spektakulären Übergangs in ein neues Bewusstsein zu bringen. Der Leser erhält in diesem Band unserer "Kleinen Reihe" das Rüstzeug, um mit der Violetten Flamme zu arbeiten.

288 Seiten, broschiert
€ [D] 8,95 / sFr 16,50
ISBN 3-89845-060-0

Elizabeth C. Prophet & P. R. Spadaro

Karma in der Praxis

– Die Zukunft gestalten

Klein in Format und Preis – groß im Inhalt: »Karma in der Praxis« behandelt anschaulich die Themen Karma und Reinkarnation. Der Leser erfährt anhand von praktischen Beispielen, wie Aktionen aus seinem früheren Leben – gute oder böse – mit seinem heutigen Leben zusammenhängen. Er lernt aber auch viel über Gruppenkarma und erfährt, was die großen Lehrer der westlichen und östlichen Welt, wie z. B. Jesus und Konfuzius, über Karma und Reinkarnation lehrten. Doch vor allem lernt der Leser, wie er karmische Begegnungen als große Chancen für seine Zukunft zu nutzen vermag.

256 Seiten, broschiert
€ [D] 8,95 / sFr 16,50
ISBN 3-89845-050-3

Elizabeth C. Prophet & P. R. Spadaro

Alchemie des Herzens

Wer mehr liebt, wird mehr geliebt

In einem Fünf-Punkte-Programm wird das Herz des Lesers allmählich in eine höhere Frequenz seiner Liebesfähigkeit geführt. Anhand von Meditationen und Affirmationen lernt er, wie er sein Herz stärkt und heilt und wie er es weiterhin vor niedrigen Schwingungen schützt, bis er schließlich ganz in sein Herz eindringt. So mit der göttlichen Liebe und seinem höheren Selbst vereint, kann er sich alle Fragen, die ihn bewegen, beantworten lassen. Dieses Buch ist im wahrsten Sinne ein Herzensjuwel, auf dem Weg zu einer höheren Liebe.

128 Seiten, broschiert
€ [D] 5,95 / sFr 11,10
ISBN 3-89845-049-X

Elizabeth Clare Prophet

Mit Engeln arbeiten

Dieses Buch bringt einem bei, wie man mit Engeln Freundschaft schließt, sodass diese bereit sind, uns ihre Hilfe zukommen zu lassen. Denn wir haben sie um ihre Hilfe zu bitten. Erst dann dürfen sie uns helfend zur Seite stehen. Hier werden die praktischen Schritte in einem Zehn-Punkte-Programm aufgezeigt, wie man sich mit ihnen in Verbindung setzt, sich weiterhin ihrer Hilfe vergewissert und in Zusammenarbeit mit ihnen viel Gutes für sich und andere bewirkt.
Dieses Büchlein ist nicht nur ein Ratgeber, sondern vor allem eine praktische Anleitung, seinem Leben mit Hilfe der Engel eine höhere Qualität zu geben.

216 Seiten, broschiert
€ [D] 12,90 / sFr 23,50
ISBN 3-89845-121-6

Marie-Pascale Rémy

Erfahrungen mit Engeln

Was ist ein Engel? Er ist eine Manifestation Gottes. Er ist aber auch ein Teil von uns selbst – in einer anderen Form. Über Engel zu sprechen, das ist gleichbedeutend damit, über Gott zu sprechen sowie eine meist vernachlässigte und versteckte Zone von sich selbst zu erfahren. Der Engel ist derjenige, der die Begabungen und verborgenen Talente in jedem von uns wecken kann – immer das Beste erwartend. Wie kann man nun Erfahrungen mit Engeln machen? Dieser praktische Ratgeber bietet zahlreiche Übungen, die eine einfühlsame Annäherung an die tägliche Präsenz des Engels in unserem Leben möglich machen.

160 Seiten, broschiert
€ [D] 12,90 / sFr 23,50
ISBN 3-89845-105-4

Leopold Zillinger

Schutzengel im Einsatz

Der Himmel erfährt aus einer erschreckenden Statistik, dass es kaum noch Menschen gibt, die an die Existenz ihres Schutzengels glauben. Was tun? Nun, er schickt seinen erfahrensten Streetworker-Engel zu uns, um uns auf recht unkonventionelle Weise an das „himmlische Geflügel" zu erinnern ...
Das Ziel dieses Buches ist es, Menschen auf unbeschwerte Weise einen Zugang zu ihrem Schutzengel zu ermöglichen. Gleichzeitig will es aber auch die grundsätzlichen Mechanismen des Lebens vermitteln, um den Weg des Herzens gehen zu können. Denn: Selbst wenn das Leben zu einer einzigen Frage wird, bleibt Liebe die Antwort!